Kriegsjahre eines Landstürmers

Benjamin Wehinger

November 2013

Zum Buch

Nach Fertigstellung des Buches „Drei Brüder, ein Cousin, vier Kriegsschauplätze“, welches die Zeit meines Großvaters, seiner zwei Brüder und seines Cousins während der Zeit des Zweiten Weltkrieges dokumentiert, beschloss ich meine Recherchen über meinen Urgroßvater in der Zeit des Ersten Weltkrieges nach langer Unterbrechung wieder aufzunehmen. Auch bei dieser Chronik war eine meiner größten Motivationen die Tatsache, dass bis dahin so gut wie nichts über Gebhards Kriegszeit bekannt war.

Die Recherchen kristallisierten sich rasch als sehr schwierig heraus, da Gebhards eigene Angaben auf Dokumenten und auf seinem Kriegschronik-Bild zum Teil widersprüchlich waren, und seine Rechtschreibfehler gerade bei Ortsangaben oft für Verwirrung sorgten. Dennoch kamen einige „Puzzles“ zum Vorschein, welche heute zumindest einen Einblick über das Gesamtbild Gebhards Kriegszeit vermitteln.

Für die Recherchen lieferte das bereits erwähnte Kriegschronik-Bild, welches Gebhard nach dem Krieg am 14. Jänner 1922 anfertigen ließ, einige Angaben über seine Einsatzorte. Weiters gab das Grundbuchsblatt sowie ein Fragebogen, den Gebhard im Jahr 1939 zur Militärdienstbestätigung ausfüllen musste und im Vorarlberger Landesarchiv aufbewahrt wird, einige Informationen preis. Aber auch Dokumente vom Österreichischen Staatsarchiv/ Kriegsarchiv in Wien legten mit zwei Verleihungsanträgen wichtige Fakten offen. Den Höhepunkt der Recherchen setzten die Wanderungen im in den Jahren 2013 und 2015 an Gebhards ehemaligem Einsatzort in den Dolomiten am Sasso di Stria beim Valparola-Pass.

Kontakt Benjamin Wehinger: beni.wehinger@gmx.at

Inhaltsverzeichnis

1914, Einrückung an die Gefechtsfront

Es war ein langer erster Tag des Marschierens. Weit von Zuhause entfernt. Von Lubienwelki führte der Weg nach Kaltwasser, dem heutigen Zymna Voda. Erst vor wenigen Tagen noch saß der Landstürmer Gebhard Wehinger in der Eisenbahn, hatte auf dieser Fahrt seinen 38. Geburtstag, und fuhr über Salzburg, Wien, Budapest, Miskolc, Medzilaborce und Hyriv nach Galizien[1] - eine Landschaft im Westen der Ukraine und im Süden Polens.[2]
Eigentlich hieß es doch, dass der Tiroler Landsturm laut Landesverteidigungsgesetz von 1913 lediglich für die Verteidigung der Landesgrenze eingesetzt werden dürfe. Doch eine besondere Anordnung des Kaisers am 1. August änderte dies.[3] So rückte Gebhard an einem Samstag, den 1. August 1914, als einer von 70 Männern aus seinem Heimatdorf Nofels ein,[4] und befand sich nun inmitten von 3000 Kameraden und 100 Offizieren welche der Front entgegen marschierten.[5]
Seine Einheit war das Tiroler Landsturm-Infanterie-Regiment Imst Nr. II und gehörte der 8. Kompanie des 2. Bataillons an. Dieses Regiment war mit der 108. Landsturmbrigade vereinigt und unterstand dem XIV. Korps.[6]
Das Wetter war schön und trocken[7] und Gebhard trug eine hechtgraue kurze Hose, eine gleichfarbige Bluse mit

---

[1] Vgl. Stolz 1938, S.163

[2] Vgl. Wikipedia A, 2010

[3] Vgl. Stolz 1938, S. 144-145

[4] Vgl. Vorarlberger Volksblatt, 7. August 1914, S. 6

[5] Vgl. Kaiserschützenbunde für Österreich, S. 68

[6] Vgl. Kaiserschützenbunde für Österreich, S. 68

[7] Vgl. Stolz 1938, S. 172

Liegekragen, Wadenstrümpfen und eine Kappe. Mit seinem bärtigen Gesicht, wie es auch die meisten anderen seiner Kameraden trugen, seinen braunen Augen und braunen Haaren, musste er dabei einen strammen Eindruck gemacht haben. Auch wenn er jedoch zu den Kleinsten der sonst eher groß bis mittelgroß gebauten Landsleute gehörte, was mit seinen 1,60 Meter[8] aber nicht weiter verwunderlich war. Im Gepäck hatte er einen schwarzen Mantel und einen Tornister aus braunem Kalbfell. Jeder zweite Mann trug ausserdem einen Spaten, Kochgeschirr, ein Zeltblatt und eine Zeltdecke mit sich.
Dem Landsturm gehörten alle 36 bis 42 Jahre alten Männern an. Mit seinen 38 Jahren - Gebhard wurde am 21. August 1876 um 10.00 Uhr in Feldkirch in Vorarlberg geboren[9] - befand er sich somit im „Mittelfeld“. Gebhard muss weiters aufgefallen sein, dass er in seiner Einheit von Vorarlbergern umgeben war, die ebenfalls in Vorarlberg lebten und auch ihre Arbeit in Vorarlberg hatten. Die meisten waren kräftige, durch Arbeit gestählte Bauern, Handwerker und Arbeiter. Zumindest waren diese Berufsgruppen den Fabrik- und Bauarbeitern zahlenmäßig überlegen.[10] Gebhard selbst gehörte als Landwirt und Baupolier dieser Mehrheit an. Er begann mit 25 Jahren, im Jahr 1901, in Zusammenarbeit mit Herrn Ferdinand Köchle in Nofels ein Haus zu planen, welches er etwa vier Jahre später fertiggestellt hatte.[11] Herr Köchle selbst war von diesem Kriegsgeschehen nicht betroffen. Er wanderte 1907 von Feldkirch-Gisingen nach Cuba aus.[12]

---

[8] Vgl. Unter-Abteilungs-Grundbuchsbatt

[9] Vgl. Geburtsurkunde

[10] Vgl. Stolz 1938, S. 149-152

[11] Vgl. Bauplan von Gebhard’s Haus

[12] Vgl. Vorarlberger andernorts in Brasilien bzw. Südamerika, 2011

Während Gebhard seine ersten Eindrücke sammelte, machte sich sein Befehlshaber Otto Stolz ebenfalls ein Bild über seine Mannschaft und notierte diese später in einem Buch. Ihm gab vor allem eines zu denken: Einige seiner Soldaten hatten lediglich die achtwöchige Ausbildung in der Ersatzreserve mitgemacht, und bei allen war dies bereits zehn bis zwanzig Jahre her.[13] Gebhards erste militärische Ausbildungsphase beispielsweise lag 15 Jahre zurück. Damals trat er mit 23 Jahren am 5. Oktober 1899 als Landesschütze in den Militärdienst in Bregenz ein, und am 29. November endete die erste Ausbildungsphase. Am 11. August des nächsten Jahres ging bis zum 7. September die Waffenübung über die Bühne, welche sich dann acht Jahre später vom *„12. August 1908 bis 8. September 1909“* wiederholte.[14] Allerdings ist diese letzt genannte Zeitspanne auf dem Dokument etwas verwunderlich, da sie im Vergleich zu der Waffenübung im Jahr 1900 über ein Jahr dauerte. Womöglich ein Tippfehler. Auf dem Unter-Abteilungs-Grundbuchsblatt, welches am 3. August 1914 in Imst ausgestellt wurde, stehen noch zwei weitere Angaben: Gebhard *„assentierte“* demnach am 18. März 1899 als Ersatz Reserve zum Landesschützenregiment Nr. I und wurde am 1. Oktober 1899 *„eingereiht“*. Das Assentjahr 1899 wird auf seinem Legitimationsblatt – welches heute noch vorhanden ist – bestätig. In einem Antwortschreiben des Heeresarchivs Wien an die Vereinigte Wehrevidenzstelle ist vom Jahr 1897 als *„Musterungsjahr“* die Rede.

In der Zeit Gebhards Militärdienstleistung wurden seine charakterlichen Eigenschaften von seinen Vorgesetzten beschrieben und dokumentiert. Die heute etwas amüsant zu lesenden, stichwortartigen Angaben konnten aus Archiv-Beständen ausfindig gemacht werden. Darin heißt es:

---

[13] Vgl. Stolz 1938, S. 151-152

[14] Vgl. Militärentlassungsschreiben, 13. August 1940

Eigenschaften des Gemütes und des Charakters:
„heiter und ehrliebend“

Grad der berufsmäßigen Ausbildung:
„als Landesschützen gut ausgebildet.“

Schulbildung, besondere Kenntnisse und Fertigkeiten, spricht und schreibt Sprachen:
„Acht Jahre Volksschule, spricht und schreibt Deutsch, genügend für den Dienstgebrauch.“

Benehmen im Dienste:
„Vorgesetzten gehorchend, ziemlich verlässlich.“

Seine Personenbeschreibung lautete:
Haare: Braun
Augen: Braun
Augenbrauen: Schwarz
Nase: Spitz
Mund: Regulär
Kinn: Rund
Angesicht: Rund
Besondere Merkmale: Narben am Halse
Körpermaß: 1.60
Größenklasse der Fußbekleidung: 10[15]

Das Gewehr, das Gebhard nun beim Marsch an die Front auf seinen Schultern trug, war dasselbe Modell wie damals zu seiner Zeit seiner Waffenübungen. Nämlich das Mannlicher-Repetiergewehr Modell 1888, und nicht das neuere Modell von 1895. Und da es das Maschinengewehr zu Gebhards

---

[15] Unter-Abteilungs-Grundbuchsbatt

Militärdienstzeit ebenfalls noch nicht gab, verfügte nun auch sein Regiment über keine Maschinengewehr-Abteilung, was sich in den kommenden Gefechten als ein schwerer Mangel erweisen sollte.[16] Gebhards Befehlshaber Otto Stolz musste also befürchten, dass die Ausbildung, die seine Leute meist in der Zeit von 1890 bis 1900 erhalten hatten, für die Zeit von 1914 nicht mehr entsprach.

Es war der 26. August, als die Truppe ihren ersten Marsch-Tag endlich hinter sich brachten und den Ort mit dem deutsch klingenden Namen Kaltwasser erreicht hatten, wo sie in Häusern nächtigen konnten. Doch bereits am nächsten Tag wurde der Marsch fortgesetzt. Nach Erreichen der Stadt Lemberg ging es Tags darauf weiter nach Dawidow - 12 Kilometer südöstlich von Lemberg entfernt, und von da weitere zehn Kilometer weiter in östliche Richtung nach Horodyslawice, wo nun ein längerer Aufenthalt geplant war. (Sämtliche Angaben der Kilometer sind in Luftlinien angegeben, nicht nach den wirklichen Weglängen.)
Diese längere Marschpause kam bestimmt allen recht. Einige Kameraden von Gebhard - vielleicht auch er selber - hatten mit diesen langen Fußmärschen arge Schwierigkeiten und einige blieben sogar wegen Ermattung zurück. Von da an hieß es, dass die militärische Disziplin mit unerbittlicher Strenge gefordert werden müsse. Tatsächlich hielt der Kommandant des 1. Bataillons an die Offiziere und Unteroffiziere in den Ruhetagen um den 8. September eine solche Ansprache ab.[17]
In den allgemeinen kriegsgeschichtlichen Büchern ist heute noch öfters zu lesen, dass der Landsturm gegenüber den Abteilungen des Heeres und der Landwehr minderleistungsfähig gewesen sei. Das höhere Alter der Leute, die geringere Ausbildung und Mängel an der Ausrüstung

[16] Vgl. Stolz 1938, S. 153

[17] Vgl. Stolz 1938, S.156

werden als Grund genannt.[18] Gebhards Befehlshaber Otto Stolz meinte später zu diesem Thema: *„Das höhere Alter der Landsturmleute und der Umstand, dass ein viel größerer Teil derselben (...) bereits Familienväter waren, mochte im Durchschnitt bewirken, dass dieselben weniger draufgängerisch und angriffslustig waren, weniger geeignet zu raschen Bewegungen, vielleicht auch zum Durchhalten von Anstrengungen und Wetterunbilden, etwas weniger ausdauernd und widerstandsfähig. (...) Im großen und ganzen konnte man aber doch wahrnehmen, dass auch bei unseren Leuten mit der Aufstellung des Regimentes das, was sie während ihrer aktiven Dienstzeit bei Kaiserjäger und Landesschützen gelernt hatten, ziemlich bald wieder zum Vorschein gekommen ist, auch jener gewisse innere Zusammenhalt in der Truppe sich eingestellt hat (...).“*[19]
Weiters schrieb er später: *„Sicherlich sind unsere Leute im Marschieren bei unserem Regiment durchschnittlich nicht sehr ausdauernd gewesen, Das Wetter war damals warm, aber nicht gerade übermäßig heiß, die Wasserversorgung für Alpenländer wohl unzureichend. Im allgemeinen kann man gewiss nicht sagen, dass die Bauern und Arbeiter aus Tirol besonders verweichlicht sind. Aber die schwere Bepackung und der Mangel an Übung waren jedenfalls für die allgemeine Ermattung die Hauptursache, schlecht sitzendes Schuhwerk bewirkte häufig Wundwerden der Füße. Zurückbleiben aus Absicht, um sich dem Gefechte zu entziehen, aus Trägheit oder Willensschwäche waren wohl meist weniger ausschlaggebend als körperliche Erschöpfung. Dabei ist zu berücksichtigen, dass der größte Teil unserer Leute über 37 Jahre alt gewesen ist. Die verhältnismäßig große Zahl von Marschmaroden haben dem Regimente oder kurz gesagt dem Tiroler Landsturm*

---

[18] Vgl. Stolz 1938, S.153

[19] Stolz 1938, S. 154-155

gleich in den ersten Wochen des Krieges den Vorwurf militärischer Minderwertigkeit eingetragen.“[20]

Während der Tage in Horodyslawice sah Gebhard mit seinen Kameraden den ersten Flieger. Fast ohne Befehl legte sich die Mannschaft auf den Rücken und schoss nach ihm, worauf allerdings sofort das Aviso kam, dass er ja ein eigener Flieger sei! Dies war jedoch nicht die erste Panne, die geschah. Ein weitaus dramatischerer Fehler passierte schon am Tage vorher in einem Freilager mit Vorposten, das zur Sicherung errichtet wurde. Obwohl die Gefechtsfront noch ziemlich weit entfernt war, wurde mit geladenen Gewehren genächtigt. In der Nacht ertönte plötzlich ein lauter Ruf: „*Kosaken!*“ Vermutlich hatte sich ein Pferd von einem Pflocke losgerissen und war in die schlafenden Reihen hineingelaufen. Ohne ein Kommando abzuwarten eröffneten die Leute das Feuer in die Richtung gegen den vermeintlichen Feind. Wenn auch alsbald die Grundlosigkeit der Aufregung erkannt und das Feuer eingestellt wurde, so sind doch einige Leute bei den eigenen Vorposten durch diese Schießerei verwundet und gar zu Tode getroffen worden. Solche „Kosaken-Paniken“ und gegenseitige Beschießungen eigener Truppen sind am Anfang des Krieges aber auch bei den Heeresregimentern vorgekommen, und nicht etwa nur beim Landsturm.[21]

---

[20] Stolz 1938, S. 164-165

[21] Vgl. Stolz 1938, S.163-164

1914, Erstes Feuergefecht

Am 29. August stationierte Gebhard mit seiner Einheit 20 km östlich von Lemberg in einem Dorf namens Gaye und befand sich in Bereitschaftsstellung gegen Norden. Der Kanonendonner war bereits deutlicher zu hören, und Verwundeten- und Gefangenentransporte, sowie Trains und flüchtende Juden kamen ihnen mehr und mehr entgegen. Die bäuerliche Bevölkerung, meist Ruthenen, ließen sich wenig blicken. Und wenn, dann mit einer offenkundigen Gleichgültigkeit oder gar mit scheuen und feindseligen Blicken. Nur den Juden konnte man eine ehrliche Angst vor den Russen anmerken. Die Ruthenen haben sich nicht mal in der Nähe der Gefechtslinien an ihren Feldarbeiten abhalten lassen, geschweige denn ihre Dörfer aufgegeben.
Es war damals, wie die Soldaten natürlich erst viel später erfuhren, der letzte Tag der Schlacht von Przemyslany. (45 km ostsüdöstlich von Lemberg) Oder, wie man sie auch nennt, die erste Schlacht bei Lemberg. Aufgrund der mehr als doppelten Übermacht der Russen musste die österreichisch-ungarische Heeresleitung nach mehreren vergeblichen Angriffen den Rückzug über Lemberg bis nach Grodek anordnen. Gebhards Regiment war schon durch den bisherigen Tagesmarsch mit dem schweren Kriegsgepäck ziemlich mitgenommen. Der nun angetretene Nachtmarsch über schlechte Waldwege brachte die Soldaten an ihre Grenzen der Leistungsfähigkeit. Nicht wenige mussten wegen Ermattung zurückbleiben.[22] Während der Raststunden in der Frühe des 30. August war von höherer Seite - dem Kommando der 22. Landwehrtruppen-Division - befohlen worden, die Packtornister abzulegen. Offenbar um

[22] Vgl. Stolz 1938, S. 163-166

die durch den vorangegangenen Marsch ermatteten Leute für das Gefecht etwas frischer zu machen.[23]
Anschließend erreichte das Regiment über Kopan die Höhen des Fudor und erhielt den Befehl, deren östlichen Rand zu „besetzen". Dies hieß eine Verteidigungsstellung zu beziehen und das etwaige Vordringen des Gegners über das Tal der Gnila Lipa, in dem eben Przemyslany lag, aufzuhalten. Gebhard spürte vermutlich bereits im Walde das Surren der Kugeln über seinem Kopf, wie es auch seine Kameraden spürten. Und dies noch mehr beim Hinaustreten auf die freie Anhöhe. Dort fiel als einer der ersten der Regiments-Adjutant Hauptmann Müller. Auf dem vorderen Höhenrande des Fudor fanden die in Schwarmlinie auseinander gezogenen Kompanien verlassene Feuerstellungen der eigenen Artillerie vor. Nur stellenweise trafen sie auf kleine Abteilungen der eigenen Infanterie, dafür aber sofort auf heftiges Feuer der russischen Artillerie. Von einer Gegenwirkung der eigenen Artillerie war kaum etwas zu merken. Dies war für Gebhard und sein Regiment die erste Begegnung mit dem Feind. Nicht wenige bezahlten diese mit dem Leben oder einer Verwundung.[24] Vielleicht hörte Gebhard von der schweren Niederlage der K.u.k. Streitkräfte in den letzten drei Tagen.[25]
Bereits nach dem ersten Kampftage waren allein 36 Vorarlberger gefallen und 14 galten als vermisst.[26]

Gebhards Regiment hatte sich mittlerweile gut verschanzt, und die Stellung bot eine gute Sicht nach vorne zum Feind. Zwar war die Infanterie zu weit weg um die Russen wirksam beschießen zu können, jedoch startete auch der Feind keine

---

[23] Vgl. Stolz 1938, S. 168

[24] Vgl. Stolz 1938, S. 163-166

[25] Vgl. Piekalkiewicz 1988, S.102

[26] Vgl. Wanner 1989, S. 28

Angriffe. Dieser begnügte sich mit dem üblichen Streufeuer mit den Gewehren aus weiter Distanz. Ohne dabei ernsthaft in Gefahr zu kommen, hörten die Soldaten des Regiments zum ersten mal den Klang der russischen Gewehre. Vielleicht hörte auch Gebhard diese ersten russischen Gewehrschüsse, allerdings aus weiterer Distanz. Denn sein 2. Bataillon lag mehr der Ortschaft Przemyslany gegenüber. Seine Kameraden der 11. und 12. Kompanie waren sogar gänzlich von den Ereignissen dieses Tages ausgeschlossen, da diese sich während des Nachtmarsches wohl irrtümlich an das Landsturm-Regiment 21 angeschlossen hatten und den Tag in dessen Verbänden mitgemacht hatten.[27]
Beobachtend blieb Gebhards Regiment ruhig, bis sich gegen Abend am Gefechtsfelde die Nachricht von einem allgemeinen Rückzuge der österreichisch-ungarischen Armee verbreitete und dies auch durch das Regiments-Kommando bestätigt wurde.
Durch das Ausharren im Artilleriefeuer und durch das weitere Vorgehen auf diesem Frontabschnitt konnte der Gegner eine Zeit lang aufgehalten werden, wodurch den eigenen Truppen der Rückzug erleichtert wurde. Dies wurde auch vom Kommandanten der 22. Landwehr-Division General Kraus-Elislago bestätigt: *„Die 22. Division und die 108. Landsturm-Brigade haben in dem Kampfe um Przemyslany, der bis zum letzten Mann geführt wurde, schwer gelitten und die Brigade zählt nach der heute erstatteten Meldung nur mehr zwei bis drei Baone. Die Verpflegung trifft immer erst ein, wenn die Truppen abmarschieren, der Kräftezustand dieser ist daher sehr stark beeinträchtigt, daher die Retablierung dieser Truppen dringend notwendig"*.[28]

---

[27] Vgl. Stolz 1938, S. 166-167

[28] Vgl. Stolz 1938, S. 167

Möglich, dass Gebhard all jenen angehörte, welche Abends, als der Rückzug angetreten werden sollte, ihre Tornister in der Dunkelheit nicht mehr finden konnten. Feldgeräte, Mäntel und andere Bekleidungsmittel gingen denjenigen somit verloren, und sie mussten nun zusehen, wie sie dies im weiteren Verlauf des Feldzuges wieder ergänzen konnten. Zum Teil geschah dies durch die Ausrüstung, die durch die Erkrankung, Verwundung oder den Tod von Kameraden frei geworden war.[29]

„Den Rückzug durch den Wald in der Nacht vom 30. auf den 31. August machten die Unterabteilungen meist auf eigene Faust", wie Gebhards Befehlshaber Otto Stolz später notierte: *„Die einen mehr nordwärts über Hanaczowka, die anderen mehr südlich über Swirz nach Wodniki und Staresiolo (20 km südöstlich von Lemberg). Es war fast wie ein Wunder, dass auch ohne höhere Führung und ganz ohne Kenntnis der Gegend die einzelnen außer Fühlung geratenen Teile, auch ganz kleine versprengte Gruppen die gleiche Hauptrichtung des Rückzuges einhielten und sich früher oder später auf derselben wieder zusammenfanden. Hätten die Russen nachgedrängt, so hätte unser Rückzug infolge der Lockerung aller Verbände wohl nur mit vernichtenden Verlusten enden können. So aber zeigte sich vom Gegner außer einigen in der Ferne auftauchenden Patrouillen nichts, und unsere Leute hatten sogar vielfach noch Zeit, die von früher her gänzlich entleerten Mägen durch Lebensmittel, die am Wege aufgebracht oder gekauft wurden, wieder zu stärken und auch einige Stunden Schlaf zu finden. Ich erinnere mich noch heute daran, wie uns ein General vor einem herrschaftlichen Jagdhaus im Vorbeigehen aufforderte, von den dort vorgefundenen Leckerbissen etwas zu nehmen, weil es ja sonst doch die Russen tun werden, ebenso hat der Verwalter der Brauerei in Staresiolo seine Schätze preisgegeben. Mitunter*

---

[29] Vgl. Stolz 1938, S. 168

musste man sich mit Absicht daran erinnern, dass man sich auf dem Rückzuge einer besiegten Armee befinde, so gemütlich ging es dabei zu, freilich nur deshalb, weil man es eben mit einem so schwerfälligen und langsamen, auch temperamentlosen Gegner, wie nur eben die Russen waren, zu tun hatte.“

Am nächsten Tag, dem 1. September, marschierten die Truppen, die sich inzwischen wieder zusammengefunden hatten, über Mylaticze nach Glina, das bereits 15 km südwestlich von Lemberg lag. Nach einem verhältnismäßig guten Nachtlager wurde am nächsten Morgen die Brigade wieder nach Osten dirigiert, um an der Hauptstraße bei Lipniki eine Abwehrstellung zu beziehen und den etwaigen Angriff der Russen aufzuhalten. Dieser Angriff blieb jedoch aus, und das Regiment konnte am Abend wieder den Rückzug nach Westen aufnehmen, bei dem Gebhard nach einem schweren Nachtmarsch den Ort Mostki erreichte.
Am darauf folgenden Tag, am 3. September, erreichten sie Lubienwelki (25 Kilometer westlich von Lemberg, und 10 Kilometer südöstlich von Grodek). Diese Stadt war für Gebhard erst noch vor zehn Tagen die Endstation seiner langen Zugfahrt an die Front gewesen. Doch nun bewiesen brennende Magazine, dass die Lage eine andere war. Sie bezogen ein Lager im Freien, etwa sechs Kilometer westwärts bei Czerlany, marschierten am 4. September über Ebenau nach Milatyn, und erhielten dort erstmals wieder bessere Quartiere und geordnete Verpflegung. Gebhard war nun einer von etwa 600 Soldaten in seinem Bataillon. Zum Zeitpunkt des Ausmarsches waren es noch beinahe doppelt so viele! So groß war der Verlust durch Tod, Verwundung, Erkrankung und Gefangennahme.
Inzwischen war Lemberg von den Russen besetzt worden, ohne dass diese aber weiter vorrückten. Gebhards Befehlshaber Otto Stolz erinnerte sich später: *„Unsere Armee*

hätte an der Seenlinie von Grodek eine gute Verteidigungsstellung gehabt, allein das Oberkommando wollte auch jetzt noch die Abwehr der Russen offensiv d. h. angriffsweise führen. Ob dies bei der Unterlegenheit unserer Armee an Mannschaftszahl und Wirkungsweise der Artillerie das richtige war, ziehen heute berufene Urteiler in Zweifel. Hätte unsere Armee an der Grodeker Linie, zu deren Befestigung noch genug Zeit gewesen wäre, den Angriff der Russen abgewartet, so hätten diese jedenfalls gewaltige Verluste erlitten und der weitere Rückzug unserer Armee wäre dann vielleicht nicht nötig gewesen. So aber wurde unsere 3. Armee (...) zum Angriffe (...) auf Lemberg angesetzt (...).“ Die 108. Landsturm-Brigade wurde auch dieses mal wieder als Reserve bestimmt. So hatte Gebhards Regiment vom 5. bis 8. Sept. bei Prozyna und Rodyatice, 9 bis 6 km westlich von Grodek, verschiedene Bereitschaftsstellungen zu beziehen. Diese Tage wirkten beinahe wie Ruhetage, und einige Truppen konnten sogar in Häusern nächtigen.[30] Doch waren diese ruhigen Tage nur von kurzer Dauer, denn am 9. September rückte das Regiment durch Grodek in die 3 Kilometer weiter weg gelegene Ortschaft Morgi.[31] Und dieses mal war Gebhard nicht als Reserve unterwegs, sondern befand sich mit seinen Kameraden auf dem Weg in das Kampfgebiet, um als Verstärkung gegen die russische 1. Armee zu kämpfen.[32] Auf Gebhard wartete ein folgenschwerer Tag.

In der Früh wütete russisches Artilleriefeuer in der Nähe von Peterswalde. Um 10 Uhr erfolgte der Befehl zum Angriff gegen die feindlichen Stellungen am Walde von Stavczany, 8 km östlich von Peterswalde entfernt. Zu diesem Zeitpunkt befand sich Gebhard mit seinem 2. Bataillon noch in der Linie

---

[30] Vgl. Stolz 1938, S. 168-170

[31] Vgl. Stolz 1938, S. 170-171

[32] Vgl. Piekalkiewicz 1988, S.102

des Waldrandes, wo das feindliche Infanteriefeuer noch wenig zu spüren war. In unmittelbarer Nähe Gebhards Befehlshaber Otto Stolz standen der Brigadier General Szekely und der Kommandant des 1. Baons Major Kupferschmid, als sie beide von einer Gewehrkugel getroffen wurden. Major Kupferschmid war tot, General Szekely im Gesicht schwer verwundet.[33] Inzwischen hatte Gebhards 2. Bataillon zusammen mit dem 3. Bataillon in Schwarmlinien den Angriff begonnen. Von diesem Angriff erzählt heute ein Tagebuch des Oberstleutnants Gschließer: *„Die Feuerlinie arbeitete sich im teils bedeckten, teils offenem Gelände im heftigsten feindlichen Gewehrfeuer sprungweise vorwärts, den gut eingegrabenen, geradezu unsichtbaren Russen entgegen"*. Auch Gebhards Befehlshaber Otto Stolz schilderte später: *„Ich erinnere mich noch gut unseres ersten Infanterie-Feuergefechtes bei Stavczany östlich Grodek am 10. September. Wir waren zum Angriffe befohlen, gingen in Schwarmlinie rasch vor, machten unter starkem feindlichem Feuer an einer Bodenwelle Halt, die Ausschuss auf den Rand jenes Waldes bot, von dem aus uns der Gegner beschoss. Wir hatten auch in dieser natürlichen Deckung Verluste und schon, um das niederdrückende Gefühl, selbst beschossen zu werden, ohne das Feuer zu erwidern, loszuwerden, befahl ich auf den Waldrand zu feuern, an dem allerdings die Russen tief eingegraben und nicht sichtbar waren. Die Leute riefen mir zu, wir sehen ja nichts vom Feind und haben kein richtiges Ziel und sie hatten damit vom Standpunkte ihrer Schiessausbildung recht. Ich musste sie förmlich beschwören, einfach auf den Waldrand zu zielen, denn nur dort kann der Feind sein, der uns beschießt.“*[34]
Nach Einbruch der Dämmerung setzten einige Abteilungen den Angriff in den Wald hinein fort, und dabei gelang es der 9. Kompanie - also einer Kompanie aus Gebhards Bataillon - 30

---

[33] Vgl. Stolz 1938, S. 155

[34] Stolz 1938, S. 155

Russen gefangen zu nehmen und abzuführen, wofür Leutnant Stransky und Oberjäger Winterte (dieser bekannt als Amtswart der Innsbrucker Sparkassa) die ersten Kriegsauszeichnungen im Regimente erhielten.

An diesem Tag, einem Donnerstag am 10. September, wurde Gebhard verwundet! Bei seinem ersten Infanterie-Feuergefecht wie wir heute wissen. Er erlitt einen Handschuss.[35] An den darauf folgenden zwei Tagen konnte Gebhard noch nicht in ein Spital gebracht werden, sondern wurde im Hinterland erstversorgt. Daher galt er bei seiner Einheit zuerst auch als vermisst, wie eine Vermissten-Akte der Landsturm-Regimenter und Bataillone am Tiroler Landesarchiv heute preis gibt.[36]
Insgesamt hatte das Regiment bei dem Vorwärtsspringen und dann in der Feuerstellung starke Verluste zu beklagen[37], denn die Gefechtsweise Gebhards Einheit war ganz offensichtlich rein technisch nicht mehr zeitgemäß und in dieser Hinsicht jener der Russen zu Beginn des Krieges unterlegen und verursachte vom Anfange an große Verluste.[38] Erst im Verlaufe des Krieges hatten sich die Landstürmer ein richtigeres Verhalten im Gefecht erworben. Dies jedoch durch blutige Erfahrung und meist ohne Anleitung seitens der Berufsmilitärs. Herr Otto Stolz erinnerte sich später noch an drei wesentliche Punkte: *„Erstens machten wir anfangs die Angriffe gemäß unserer alten Ausbildung in langen Schwarmlinien, welche besonders infolge der hechtgrauen, richtiger hellblauen Uniformen ein weithin sichtbares Ziel boten.*

---

[35] Vgl. Kriegschronik-Bild und Fragebogen Wehrevidenzstelle Linz, 1939

[36] Vgl. Vermisste - Landsturm Infanterie Regimenter und Bataillone, 1914

[37] Vgl. Stolz 1938, S. 170-171

[38] Vgl. Stolz 1938, S. 154-155

Zweitens haben wir beim Beziehen der Feuerstellung uns mit dem Niederlegen an einer natürlichen Deckung begnügt, statt sofort mit dem Eingrabe zu beginnen, was besonders im lehmigen Boden Galiziens leicht zu machen war. Den Angriff in der Schwarmlinie hatten wir ja in der Ausbildungszeit auf dem Exerzierplatz und im Gelände überaus oft geübt, aber dabei ist man von den Feuerstellungen stets in kurzer Zeit zum eigentlichen Sturm übergegangen. In wenigen Stunden war auch eine größere Angriffsübung stets beendigt. Im Kriege, wie er sich 1914 in seiner Wirklichkeit gezeigt hat, muss ein Trupp aber oft in den Feuerstellungen stundenlang bleiben und wenn sie sich nicht vom Anfange an und dann stetig immer besser eingräbt, wird sie hierbei so schwere Verluste erleiden, dass ein weiteres Vordringen kaum mehr möglich ist. (...)
Drittens war die Schießausbildung unserer Leute für das sichere Erfassen des Zieles gut, verwarf aber das Streufeuer auf weniger scharfe Ziele grundsätzlich. Die Russen haben uns aber gerade durch das Streufeuer erhebliche Verluste zugefügt.“[39]

Gebhard beobachtete nun vermutlich das Eintreffen des verwundeten Leutnants Wilhelm Gruber von der 5. Kompanie[40], der ebenfalls aus Feldkirch stammte. Er wurde ein Tag nach ihm verwundet, und seine Verletzung - eine *„Fußknöchelverletzung durch einen Maschinengewehrschuss*“ - verrät, dass der Gegner bei dieser Schlacht mit Maschinengewehren ausgerüstet war.[41] Viele Vorarlberger hatten in dieser Woche vom 7. bis 14. September bei den Rückzugskämpfen bei Grodek weniger Glück und ließen ihr

---

[39] Stolz 1938, S. 154-155

[40] Vgl. Stolz 1938, S. 214

[41] Vgl. Vorarlberger Volksblatt, 9. Oktober 1914, S. 5

Leben.[42] Allein bei den Vorarlberger Landstürmern wurden 17 Gefallene und 20 Vermisste gezählt.[43] Von den insgesamt 3000 Mann und 100 Offizieren kehrten lediglich 40 Offiziere und 1655 Mann von den Kämpfen zurück![44]

Während Gebhard versorgt wurde, setzte seine Einheit am nächsten Tag den Kampf fort. Nachdem die gegenseitige Beschießung ohne Entscheidung eine Zeit lang gedauert hatte, verstärkte sich der Gegner und setzte mit heftigem Maschinengewehrfeuer ein, wodurch die Verluste in der ungeschützten Schwarmlinie des Regimentes sich bedenklich steigerten. Da ein Nahangriff auf den Feind bei dessen Übermacht aussichtslos und auch von anderen Abteilungen keine Hilfe zu erwarten war, gab der Regiments-Kommandant den Befehl zum Rückzug. Um Mittag kam für die gesamte 22. Landwehr-Division und damit auch für Gebhards Regiment der Befehl, weitere Angriffe einzustellen und nur die bisherige Stellung zu halten. Die Deckungen wurden nun verbessert und auch Geschütze herangezogen, Munition ergänzt und nach zwei Tagen erstmals wieder ein Essen aus den Kochkisten ausgeteilt. Ziemlich überraschend kam gegen Mitternacht der Befehl, dass sofort und in aller Stille der Rückzug anzutreten sei. Wie wir heute wissen, erstreckte sich dieser Befehl auf die gesamte in Galizien operierende Armee. Es drohte nämlich eine neu auf dem Kriegsschauplatze auftauchende russische Armee sich zwischen der 3. und 4. österr. Armee einzudrängen und dieser Gefahr konnte nur durch eine radikale Verkürzung der Front und damit durch einen allgemeinen Rückzug begegnet werden. Zum Unterschied von Przemyslany ging dieser aber hier von Anfang an in völlig geordneten Verbänden

---

[42] Vgl. Wanner 1989, S. 141

[43] Vgl. Binder 1959, S. 52

[44] Vgl. Kaiserschützenbunde für Österreich, S. 68

vor sich. Noch lange Zeit später hatte Gebhards Befehlshaber Otto Stolz das Bild vor Augen, wie sie in der Nacht die Straßenbrücken über die Grodeker Sümpfe überschritten, an denen bereits die Kavalleriepioniere zur Sprengung warteten. Oder auch wie in der nächsten Ortschaft ruthenische Spione an den Bäumen aufgehängt waren.

In der Frühe des 12. September erreichte das Regiment die Ortschaft Ebenau bereits 3 km westlich der Seen und bezog hier eine Bereitschaftsstellung mit gutem Lager.[45] An diesem Tag erreichten Gebhards Heimat die ersten Meldungen von gefallenen Vorarlbergern, was die allgemeine Kriegsbegeisterung dämpfte und eine gewisse Ernüchterung brachte.[46]

Einige Kameraden von Gebhard hatten bei ihrer Verwundung weniger Glück als er, und gerieten dabei in russische Gefangenschaft. So auch Karl Luger aus seiner Einheit. Vom Spital in Grodek aus schrieb er am 16. September seiner Frau einen Brief, den er an das Schweizer Konsulat in Petersburg schickte. Im ersten Teil des Briefes ersuchte er in französischer Sprache das Petersburger Konsulat, es möge den Brief an Herrn Karl Hedinger in Rorschach in der Schweiz weitersenden. So kam seine Frau an den zweiten Teil des Briefes, worin stand: *„Ich bin am 12. September durch Schrapnellschuss verwundet worden und in russische Gefangenschaft geraten. Es bessert; habe guten Mut, ich will durchhalten. Gott befohlen, herzliche Grüße Dein Karl." Weiters schrieb er in einer Nachschrift folgende Sätze: „Von hier aus wird's nach der Genesung wohl ins innere Russland gehen; also Geduld. Dein Karl."*[47]

---

[45] Vgl. Stolz 1938, S. 171-172

[46] Vgl. Wanner 1989, S. 23

[47] Vgl. Vorarlberger Volksblatt, 11. Oktober 1914, S. 7

An diesem dritten Tag seit der Verwundung, konnte Gebhard endlich in ein Spital eingeliefert werden, wo er seine linke Hand[48] richtig behandeln lassen konnte. Es war ein Spital in Losontz (Slowakei), dem heutigen Lucenec, wo er die folgende Woche verbrachte.

Mit dem ersten anhaltenden Regen seit Gebhards Ankunft in Galizien, begann am 13. September der eigentliche Rückmarsch, der die gesamte Einheit in einem Zuge bis Przemysl brachte. Die Straßen wurden durch den Regen stark in Mittleidenschaft gezogen.[49] In Gebhards Heimatstadt wurden am 29. Oktober auf Grund dessen sogar geeignete Arbeiter gesucht, die helfen sollten, diese Straßen zwecks Aufrechterhaltung eines geregelten Nachschubes wieder instand zu setzen.[50]
In diesen Tagen machten sich die ersten Kriegsereignisse auch in Gebhards Heimatstadt Feldkirch bemerkbar, als dort am 14. September am Bahnhof bereits der erste Verwundetentransport eintraf.[51] Die Zeitung - das *„Vorarlberger Volksblatt“* vom 17. September - sprach von 370 Verwundeten aus allen möglichen Nationen. Gebhards Angehörige zuhause konnten in dieser Zeitung beinahe täglich Meldungen über die Kämpfe bei Lemberg in Galizien finden, und bei den Einwohnern kam es mittlerweile zu Hamsterkäufen um der zu erwartenden Teuerung vorzukommen. Für den Schutz der Ernte mussten sogar Feldwachen aufgestellt werden. Viele Geschäfte und Produktionsstätten waren vielerorts nur noch eingeschränkt offen oder wurden sogar ganz geschlossen. Das Ausweichen auf den ausländischen Arbeitsmarkt war nicht mehr möglich,

---

[48] Vgl. Vorarlberger Volksblatt, 23. September 1914, S. 3

[49] Vgl. Stolz 1938, S. 172

[50] Vgl. Schachtel FV/11

[51] Vgl. Volaucnik, 1998, S. 49

so erfuhr das Land eine hohe Arbeitslosigkeit. Gerüchte, in denen von Spionen die als Nonnen verkleidet waren die Rede war, verunsicherten die Bevölkerung. In Gebhards Heimatstadt Feldkirch wäre Gerüchten zufolge gar eine „Aeroplane“ (Flugmaschine) gesichtet worden.[52]

Bestimmt nützte Gebhard nun die Zeit, um mit einem Brief ein Lebenszeichen von sich nach Hause zu schicken, und war in diesen Tagen gedanklich oft bei seinen Liebsten zuhause. So etwa bei seiner Frau Maria Josefa (* 6. August 1875 um 11.00 Uhr in Tisis), die er vor 9 Jahren, am 1. Mai 1905, geheiratet hatte. Sie war die Tochter von Josef Sonderegger (* 23. Februar 1828), der aus Tisis stammte, und der Schweizerin Anna Barbara Ryser (* 25. November 1840 in Sumiswald, Kanton Bern in der Schweiz), die am 25. November 1861 in Zell, Luzern - am Tage ihres Geburtstages - heiratete. Sie starb am 17. Oktober 1903 mit 63 Jahren.[53] Auch die Großeltern von Gebhards Frau Maria - Peter Ryser und Catharina Heiniger - waren Schweizer.[54]
Seine Gedanken galten aber bestimmt auch seinen zwei Töchtern und seinen drei Söhnen. Für seinen ältesten Sohn Valentin begann in diesen Tagen am 16. September wieder die Schule.[55] Er war acht Jahre alt und damit vier beziehungsweise sechs Jahre älter als seine Brüder Emil und Alois.
Zunächst wurde in Vorarlberg erwogen, die Schulen gar nicht zu eröffnen, so groß war der allgemeine Begeisterungstaumel über den Kriegsausbruch, und die Meinung, dass der Krieg in ein paar Wochen beendet sei. Und obwohl der Unterricht dann doch begann, konnte von einer „Normalisierung“ innerhalb der

---

[52] Vgl. Wanner 1989, S. 23

[53] Vgl. Sterbeurkunde Anna Barbara Ryser

[54] Vgl. Auszug Familienregister und Heiratsurkunden

[55] Vgl. Vorarlberger Volksblatt, 15. September 1914, S. 6

Schule nicht die Rede sein. Denn eines der größten Probleme war der Lehrermangel. Die meisten der Lehrer wurden in den Krieg einberufen. So wurden oftmals bereits pensionierte Lehrer wieder eingestellt, die Lehrverpflichtungen wurden auf teilweise über 30 Wochenstunden hinauf gesetzt, und es wurden verstärkt verheiratete weibliche Lehrkräfte herangezogen. Trotzdem konnten Gebhards Angehörige zuhause aus der Zeitung entnehmen, dass es in Lustenau beispielsweise auf einen einzigen Lehrer hundert Schüler traf!

Das pädagogische Hauptaugenmerk an den Schulen zielte auf die Erweckung beziehungsweise Vertiefung von patriotischen Gefühlen und Kriegsbegeisterung. Sämtliche Jubiläen und Trauertage des habsburgischen Kaiserhauses wurden beispielsweise zu großen Schulfeiern gestaltet. Mit dieser Erziehung an den Schulen waren offenbar nicht alle einverstanden, wie ein Artikelschreiber der „Vorarlberger Wacht“ zeigt. Dieser sprach sich klar gegen Kriegsbegeisterung schürende Lehrinhalte aus, da in den Kindern dadurch nationale Hassgefühle entstünden und sie durch das „Kriegspielen“ verrohten. Doch diese Worte blieben ungehört, und die „Patriotische Aktionen“ an den Schulen wurden im Laufe des Krieges sogar immer stärker und beschwörender.[56]
Natürlich konnte Gebhard nicht ahnen, dass etwa dreissig Jahre später im Zweiten Weltkrieg auch seinen drei Söhnen ein ähnliches Schicksal bevorstehen würde. Valentin würde sogar in derselben Gegend als Kraftwagenfahrer im Einsatz sein, während Emil als Infanterist sogar noch weiter ins Landesinnere von Russland vordringen würde. Irgendwann erreichte Gebhard eine frohe Botschaft. Nämlich, dass er

---

[56] Vgl. Wanner 1989, S. 174-177

schon bald zur weiteren Behandlung und Erholung nach Innsbruck, nahe seiner Heimat, verlegt werden würde.[57]

---

[57] Vgl. Kriegschronik-Bild und Fragebogen Wehrevidenzstelle Linz, 1939

1914, Genesung

Die Verlegung nach Innsbruck ging am Wochenende dem 19. / 20. September, wie das „Vorarlberger Volksblatt“ verkündete, vonstatten: *„Am Samstag und Sonntag langten nach Berichten in Innsbrucker Blättern dort folgende Verwundete und Kranke aus Vorarlberg an: (...) Landesschütze Gebhard Wehinger (3. R.) aus Altenstadt, Schuss in der linken Hand.“*[58] (Weshalb entgegen Gebhards sämtlichen Angaben, in denen er als seine Einheit das Landsturminfanterie-Regiment II anführte, hier auf einmal das 3. Regiment aufscheint, kann heute nicht mehr beantwortet werden.)
Entweder kam Gebhard in das Rote Kreuz Spital, das in der Lehrerbildungsanstalt untergebracht war, oder er wurde in der Volksschule behandelt, die in ein Militärspital umgewandelt wurde.[59] Gebhards Verwundung war ein klassischer „Heimatschuss", wie er in der Soldatensprache oft betitelt wurde. Eine Verwundung sah oftmals aber anders aus: Häufig starben Verwundete nach tagelangen Qualen auch an kleineren Verletzungen, wenn das Kampfgetümmel eine Versorgung nicht zuließ. Gelang jedoch die Bergung des verwundeten Soldaten, musste dieser oft einen schwierigen und schmerzhaften Transport in das sichere Hinterland auf sich nehmen. Nach größeren Gefechten waren die Feldlazarette häufig so überlastet, dass viele Verletzte nicht versorgt werden konnten und verbluteten.[60]
Vielleicht lernte Gebhard in diesen Tagen einen Montafoner Kaiserjäger kennen, oder er hörte zumindest von dessen erstaunlichen Geschichte: Neben einem Schuss in den Fuss trug dieser beinahe eine noch schwerere Verletzung davon.

---

[58] Vorarlberger Volksblatt, 23. September 1914, S. 3

[59] Vgl. Vorarlberger Volksblatt, 29. September 1914, S. 4

[60] Vgl. Wachtler und Obwegs 2003, S. 140

Nämlich einen Bajonettstich, den er zwar nicht spürte, aber dessen Spuren nachträglich fand. Der Stich ging auf der linken Brustseite durch den Waffenrock, durchbohrte in der vorderen Tasche eine große, lederne Brieftasche derart, dass der Stich durch den Deckel durchdrang, alle Blätter, Kalender und Ansichtskarten einzeln durchstach, worauf das Bajonett noch in die Weste eindrang und dort auf einen kleinen Spiegel stieß, welcher zertrümmert wurde. Der Leib des Soldaten blieb dabei glücklicherweise unberührt.[61]
Wovon Gebhard aber bestimmt hörte, waren die Verlustmeldungen aus Galizien, die auch in der Heimat einen Schock auslösten. Das 1. Tiroler Kaiserjägerregiment beispielsweise hatte nun noch einen Gefechtsstand von 400 Mann, das 2. Tiroler Kaiserjägerregiment zirka 800 Mann. Beide Regimenter besaßen ursprünglich einen Stand von jeweils zirka 4500 Soldaten, die Ende August 1914 nach Galizien verlegt worden waren. Von diesen fürchterlichen Verlusten konnte sich die österreichisch-ungarische Armee im Grunde nie mehr erholen.[62] Spätestens von da an musste Gebhard bewusst gewesen sein, welch großes Glück im Unglück seine Verletzung war.

Am fünften Tag bekamen Gebhard und seine Kameraden nachmittags Besuch. Der Vorarlberger Landeshauptmann reiste nach Innsbruck, um wegen der im Feld stehenden oder in Truppengarnisonen untergebrachten Landsturmmänner bei den Militärbehörden Wünsche vorzubringen, aber auch um die rechtliche Stellung der mobilisierten Standschützen genau kennen zu lernen und Wünsche der Bregenzer Standschützen an höheren Stellen zu vertreten. Wiederum ist es das Volksblatt, welches uns heute einen Einblick über diesen Besuch gewährt: *„An beiden Orten konnte der*

---

[61] Vgl. Vorarlberger Volksblatt, 29. September 1914, S. 4

[62] Vgl. Wanner 1989, S. 30

Landeshauptmann zusammen an 40 Vorarlberger Verwundeten die Hand drücken, mit jedem einzelnen sprechen und sie alle versichern, dass die Bevölkerung Vorarlbergs die Heldentaten unserer braven Armee bewundert und fleißig für den Sieg unserer Waffen und für Gnade und Beistand unserer auf dem Feld der Ehre fechtenden Brüder und Landsleute betet.
Schwerverletzte gab es keine, und einige, die schon ausser Bett waren, konnten bereits die Stiege auf- und absteigen. *„Alle waren munter und guter Dinge und erzählten mit leuchtenden Augen ihre Erlebnisse, die Hoffnung aussprechend, dass sie nach vollständiger Heilung die Russen nochmals gründlich prügeln können. Verschiedene Landsleute sprachen den Wunsch aus zur vollständigen Ausheilung nach Hause auf einige Zeit beurlaubt zu werden. Der Herr Landeshauptmann vermittelte auch dieses am anderen Tage beim Herrn Kommandanten. Alle waren mit Kost und Pflege sehr zufrieden; sie erhalten auch sonst fleißig Zeitungen und Bücher zum Zeitvertreibe und allerlei Erfrischungen durch freiwillige Spenden, sowie Zigarren.*
Dass besonders das Letztere den armen Verwundeten besondere Freude bereitete, davon konnte sich der Herr Landeshauptmann nicht nur bei den Landsleuten, sondern auch bei den anderen Verwundeten, besonders bei einer großen Zahl ungarländischer Rumänen, die ausser dem Worte „Tabak" und „Zigarren" nichts deutsch sprechen, persönlich überzeugen. (...) Alle Vorarlberger waren hoch erfreut über den Besuch ihres Landeshauptmannes."[63]

Während dieser Tage kamen in Gebhards Heimatstadt 500 Flüchtlinge aus Galizien an. 400 von ihnen wurden in Altenstadt, und 100 in Feldkirch untergebracht. Für die Flüchtlingskinder wurde sogar eine eigene Schulklasse eingerichtet. Diese Flüchtlinge kehrten nach der

---

[63] Vgl. Vorarlberger Volksblatt, 29. September 1914, S. 4

Rückeroberung Galiziens 1915 wieder in ihre Heimat zurück.[64]

Im Monat Oktober erreichten Gebhard zwei Meldungen: Die eine kam mit Befehl vom Korpskommando anfangs Oktober und enthielt folgende Warnung: *„Alkohol schädigt den Organismus und setzt die Widerstandsfähigkeit gegen Krankheiten herab. Der Genuss desselben ist strengstens zu verbieten und durch Kaffee und mit zitronengesäuertem Tee zu ersetzen.“*[65] Doch die viel erfreulichere Meldung war wohl die Nachricht seines Heimaturlaubes. Zwar ist dieser Urlaub nicht eindeutig belegbar, jedoch verkündete das Volksblatt am 21. Oktober den Heimaturlaub eines Landstürmers aus Nofels: *„Am 18. Oktober ist ein Landsturmmann aus dem Spital in Ungarn gekommen und verweilt durch einige Zeit bei seiner Familie.“*[66] Gut möglich also, dass Gebhard etwa zwei Wochen zuhause verbringen durfte, ehe er sich am Dienstag dem 3. November zusammen mit anderen Soldaten die Beichte abnehmen ließ und am nächsten Morgen bei der kirchlichen Abschiedsfeier in der St. Johanneskirche teilnahm.[67]
Eher unwahrscheinlich hingegen ist, dass Gebhard während seinem Heimaturlaub einen Besuch in der Schweiz machte, da Soldaten, die sich auf Heimaturlaub befanden, immer als potentielle Spione behandelt wurden. Er hätte sich beim Grenzschutzkommando in seiner Heimatstadt Feldkirch melden müssen, wo er vermutlich, wie viele andere auch, unnötig lange festgehalten worden wäre.[68]

---

[64] Vgl. Volaucnik, 1998, S. 48

[65] Vgl. Vorarlberger Volksblatt, 13. Oktober 1914, S. 6

[66] Vgl. Vorarlberger Volksblatt, 21. Oktober 1914, S. 4

[67] Vgl. Vorarlberger Volksblatt, 6. November 1914, S. 5

[68] Vgl. Wanner 1989, S. 57

Nach seinem möglichen Heimaturlaub musste sich Gebhard beim Kader in Imst melden[69] und wurde dort der „K.K. Landsturmersatz-Kompanie“ zugeteilt, wie vom Stempel seiner Postkarte abzulesen ist.

„Imst, den 9. 12. 14
Theile Dir mit, dass Ich heute Nachmittag nach Innsbruck zur Kaserne komme. Das Paket habe ich erhalten hat mich sehr gefreut. Sonst bin ich gesund was ich von Euch auch hoffe. Brief folgt später. Grüße von deinem Mann.
G. W.“

Abbildung 1: Karte vom 9. 12.1914. Gebhard (siehe Pfeil)
Quelle: Josef Wehinger

[69] Vgl. Kriegschronik-Bild

Von Gebhards Briefen ist heute leider kein einziger mehr auffindbar. Und ein Tagebuch zu führen, war streng verboten und wurde hart bestraft. Die Aufzeichnungen hätten in Feindeshand fallen und dort eine Quelle zu Hintergrundinformationen bilden können. Was Gebhard erlaubt war, war ein Bleistift für die Feldpost. Viele schrieben dennoch kurze tägliche Aufzeichnungen auf einfache Zettel, um diese dann daheim bei Urlaub in Schönschrift in ein Heft zu übertragen. Offenbar machte dies Gebhard jedoch nicht.[70]
Das Schreiben von Karten und besonders die Ankunft der Post von zu Hause war einer der wenigen frohen Momente im Alltag des Schützengrabens. Einerseits stillte es das Bedürfnis, den Kontakt aufrechtzuerhalten, und andererseits bedeutete es für die Angehörigen zu Hause die momentane Gewissheit, dass der Ehemann, der Sohn oder der Vater noch lebte.
Das Militärkommando erkannte dieses starke Bedürfnis der Soldaten und gewährte ihnen deshalb das portofreie Abschicken der Karten in die Heimat.[71] Dies galt auch für die Angehörigen in der Heimat, die einen Brief an die Front schickten. Darauf machte auch das „Vorarlberger Volksblatt" die Bevölkerung aufmerksam: *„Auf mehrfaches Anfragen sei bemerkt, dass Feldpostbriefe bis zu einem Gewicht von 100 Gramm portofrei sind. Feldpostbriefe im Gewicht von 100-250 Gramm sind mit 20 Hellern zu frankieren."*[72]
Allerdings wurden sämtliche Briefe, sowie auch Postkarten zensuriert und auf unerlaubte Details kontrolliert. So liefern die Zeilen, die Gebhard nach Hause schrieb, weder militärische Details, noch geben sie Einblicke in seinen wahren Gemütszustand. Die Militärzensurstelle, die genau solche geheimen Informationen kontrollierte und verhinderte,

---

[70] Vgl. Wachtler und Obwegs 2003, S. 96

[71] Vgl. Astorri und Salvadori 2003, S. 64

[72] Vgl. Vorarlberger Volksblatt, 10. Jänner 1915, S. 5

war die wichtigste und größte Militärbehörde in Vorarlberg und hatte ihren Sitz in Feldkirch. Sie war mit 30 Offizieren und 30 Feldkircher Sekretärinnen im Schwurgerichtssaal des Landesgerichts untergebracht. Später war diese Stelle dann zu klein und musste ausgebaut und in ein anderes Gebäude verlegt werden.[73]

Mitte Dezember dürfte Gebhard noch einmal in einem Spital in Innsbruck gewesen sein. Dieses mal allerdings wegen einem Herzproblem. Zwar scheint dies in keiner Archiv-Akte auf, noch machte Gebhard in seinen späteren schriftlichen Notizen darüber irgendwelche Aufzeichnungen. Auch ist nichts darüber bekannt, dass sich Gebhard später in seinem Leben über Herzprobleme beschwerte. Doch im Vorarlberger Volksblatt vom 17. Dezember hieß es: *„Nach Berichten in Innsbrucker Blättern ist in Hall Landstürmer Gebhard Wehinger (1. R., Bezirkskommando), Herzfehler.“*[74]
Obwohl Gebhard zur Weihnachtszeit nahe seiner Heimat stationierte, bekam er keinen Weihnachtsurlaub.[75] *„Im Hinblick auf die kurze, für die Ausbildung verfügbare Zeit und angesichts dessen, dass die vor dem Feinde Stehenden ohne Rücksicht auf Sonn- und Feiertage ihre Pflicht unter den schwierigsten Verhältnissen erfüllen müssen, ist es nicht zulässig, dass bei den Kommandos, Truppen und Anstalten des Hinterlandes eingeteilten Personen Weihnachtsurlaube erteilt werden. Es sind vielmehr auch die Weihnachtstage intensiv zur Ausbildung auszunützen bzw. dem Dienste zu widmen; doch können die Nachmittage des 24. und 25. Dezember sowie des 1. Jänner nach Dienstzulässigkeit freigegeben werden. Ferner*

[73] Vgl. Volaucnik, 1998, S. 49

[74] Vorarlberger Volksblatt, 17. Dezember 1914, S. 3

[75] Vgl. Vorarlberger Volksblatt, 22. Dezember 1914, S. 5

wurde angeordnet, dass der Mannschaft die Gründe dieser Maßregel zu erläutern sind."[76]
Natürlich hatten auch Gebhards Kameraden an der Front keinen Anspruch auf Weihnachtsurlaub. Dafür aber hatten sie es ruhiger, als die Tage, Wochen und Monate zuvor. Sie erhielten in dieser Zeit sogar einige Zubußen an Tee, Zucker, Gebäck und Wurst von dem Feind. Am Neujahrstag fanden die vordersten Patrouillen in der „neutralen Zone" kleine Päckchen mit Schokolade und Sardinen und kurzen Glückwunschschreiben, die die Russen dort niedergelegt hatten. Diese wurden von Gebhards Kameraden erwidert und auch einige Zigaretten als Gegengabe dazugelegt.[77]
Welch harte Tage Gebhards Kameraden während seiner Abwesenheit aber nach den Festtagen bei den Kämpfen um die Festung Przemysl durchzustehen hatten, kann man sich kaum vorstellen. Otto Stolz - Gebhards Befehlshaber vor seiner Verletzung - schrieb später in seinem Buch: *„Ich bekam damals wieder Leute der 2. Komp., der ich bis Anfang November angehört hatte, unter meinen Befehl, konnte sie aber erst bei näherem Zusehen wieder erkennen, so sehr hatten die fortgesetzten Entbehrungen innerhalb drei Monaten ihre Gesichtszüge verändert.*"[78]
Doch Gebhard blieben auf Grund seiner Verletzung nicht nur erbitterte Kämpfe und harte Strapazen erspart, sondern ebenso die Kriegsgefangenschaft! Denn seine Kameraden aus seiner Einheit, die seit dem Spätwinter eingeschlossen wurden, mussten aufgrund von Mangel an Lebensmitteln kapitulierten.[79]

---

[76] Vorarlberger Volksblatt, 22. Dezember 1914, S. 5

[77]Vgl. Stolz 1938, S. 200

[78] Stolz 1938, S. 201

[79] Vgl. Kaiserschützenbunde für Österreich, S. 68

Zusammen mit weiteren 120.000 Mann mussten sie den Marsch in die russische Kriegsgefangenschaft weithin nach Turkestan und Sibirien antreten. 283 Landstürmer aus Vorarlberg überlebten diese Strapazen nicht.[80] 748 Pakete aus Vorarlberg konnten nicht mehr rechtzeitig an die Soldaten weitergeleitet werden und wurden für die Rücksendung nach Bregenz vorbereitet.[81]

Wenige Tage vor seiner Wiedereinberufung zurück an die Front schrieb Gebhard diese zwei Karten nach Hause. Zwar hinterließ Gebhard auf diesen Karten kein Datum, jedoch wurden sie fünf Tage nach seinem Aufbruch nach Galizien in Imst abgestempelt:

„Liebe Frau!
Diese zwei Karten gehören zusammen. Die ganze Kommbandie v. Innsbruck. Jetzt kans dan wieder loß gehen aber nur guten Mut s'wird schon wieder gehen es ist das letzte Mahl auch gut abgegangen. Grüße von Deinem Liebenden Man G.W."

„Liebe Frau und Kinder!
Ich schicke Dir den Rucksack und die Mondur. Wens ins Zifil geht werde ich schon Kleider haben, wan wier fort komen wissen wir noch nicht u. wohin schon gar nicht. Grüsse von Deinem Man."

[80] Vgl. Wanner 1989, S. 30

[81] Vgl. Vorarlberger Volksblatt, 24. März 1915, S. 3

Abbildung 2 und 3: Karten von Gebhard. (Siehe Pfeil)
Quelle: Josef Wehinger

1915, Erinnerungen an den Kriegsbeginn

In den vielen Stunden im Eisenbahnwaggon zurück in Richtung Osten erinnerte sich Gebhard vielleicht an seine erste Bahnfahrt an die Front und an seine Einrückung an einem Samstag, den 1. August, vor einem halben Jahr.[82]
Wenige Tage zuvor, am 28. Juli, langte damals in der Redaktion der Zeitung „Vorarlberger Volksblatt" die telegraphische Meldung der offiziellen Kriegserklärung ein. Die Verlesung des Telegramms rief ein vielstimmiges *„Hoch!"* hervor. Bereits am Abend zuvor zog bei Einbruch der Dämmerung eine tausendköpfige Menge unter Vorantritt der Harmoniemusik durch die Straßen seiner Heimatstadt Feldkirch. *„Jung und alt, Männer und Jünglinge, Frauen und Mädchen folgten, vaterländische und nationale Lieder singend in heller Begeisterung dem Zuge, dem sich immer noch mehr Volk anschloss. Als der schon weit über tausend Teilnehmer zählende Aufmarsch am Kirchplatze anlangte, war dieser schon von einer unabsehbaren Menge Volkes erfüllt. Brausende „Hoch!"- und „Heil!"- Rufe empfingen den Zug, der dort Halt machte."* Etwa dreitausend Leute sangen mit Musikbegleitung die Kaiserhymne, während Hüte, Tücher und Fahnen geschwenkt wurden. *„Es war eine würdevolle, patriotische Kundgebung, wie sie Feldkirch noch nie gesehen hat."*[83] wie das „Vorarlberger Volksblatt" berichtete.
Drei Tage später machte dann bereits die Nachricht der „Allgemeinen Mobilisierung" die Runde,[84] was Tags darauf Realität wurde. Gebhard wurde in das „Tiroler Landsturm-Infanterie-Regiment Imst Nr. II" – kurz „Tiroler Landsturm Nr.

---

[82] Vgl. Vorarlberger Volksblatt, 7. August 1914, S. 6

[83] Vorarlberger Volksblatt, 30. Juli 1914, S. 3-4

[84] Vgl. Vorarlberger Volksblatt, 2. August 1914, S. 5

II" - eingereiht[85], da in dieses Regiment alle 32 bis 42jährigen Soldaten eingezogen wurden.[86] Gebhard musste sich in Imst melden,[87] denn an diesem Tag wurde der gesamte Tiroler Landsturm zu den beiden Landsturm-Expposituren Imst und Schwaz einberufen. Die beiden kleinen Städtchen konnten die Masse der Eingerückten kaum fassen. Für die Wirte jedoch war es eine sehr gute Zeit.[88]
Bis zum Abmarsch nach Galizien hatte Gebhard damals mit seinem Regiment drei Wochen Zeit, welche genützt wurde, um die Ausrüstung zu fassen und anzupassen. Die Kompanien wurden aufgestellt, es wurde exerziert, und neben feldmäßigem Schießen konnte auch eine größere Gefechtsübung abgehalten werden. Jedoch wurden auch diese noch ganz in den alten Formen abgehalten und ohne Anweisung darüber, wie es im künftigen wirklichen Gefechte vor sich gehen werde. Für die Bataillone in Imst, und damit wahrscheinlich auch für Gebhard, fand diese Übung an der Karreser Mur statt.[89] Vielleicht wurde er in dieser Zeit auch geimpft. Denn wie von seinem Legitimationsblatt zu erfahren ist, wurde er gegen Cholera geimpft. Nicht jedoch gegen Blattern und Typhus.
Am 3. August erhielt Gebhard seine ihm zustehende finanzielle Entlohnung. Wie viel er bekam, ist aus dem Archiv-Dokument nicht rauszulesen. Jedoch bestand offenbar gerade in der ärmeren Schicht der Bevölkerung zuhause die Meinung, dass der eingerückte Mann mit Geld unterstützt werden müsse. Aus

---

[85] Vgl. Kriegschronik-Bild und Militärentlassungsschreiben, 13. August 1940

[86] Vgl. Schützenkompanie-Aldrans, 2006

[87] Vgl. Kriegschronik-Bild und Militärentlassungsschreiben, 13. August 1940

[88] Vgl. Stolz 1938, S. 149

[89] Vgl. Stolz 1938, S. 155-156

diesem Grund gab das k.u.k. Kriegsministeriums in einer Kundmachung bekannt: „*(...) Die Mannschaft der Armee im Felde ist geradezu ausgezeichnet verpflegt. Die tägliche Normalportion besteht aus 98 g Kaffeekonserven, 400 g Rindfleisch und 100 g Gemüse (Reis, Gris, Hülsenfrüchte etc) 400 g Brot (Eierzwieback) sowie 18 g Tabak; ausserdem trägt jeder Mann zwei Reserveportionen mit sich. (...) Jeder Mann bekommt überdies regelmäßig alle 10 Tage die Löhnung und Feldzulage (...) bar auf die Hand bezahlt.*“[90]

Zwei Wochen später hatte Gebhard am 20. August - einen Tag vor seinem Geburtstag - seine Abfahrt zur Gefechtsfront.[91] Und auch nun, ein knappes halbes Jahr später, saß er also wieder im Zug und fuhr Richtung Osten. Auf diesen Fahrten waren immer wieder scheinbar ganz harmlose Frauen, oft junge, hübsche und elegant gekleidete Personen anzutreffen. Es waren Spioninnen, die mit den Soldaten zu plaudern anfingen und dabei versuchten, deren Herkunft und den Bestimmungsort der Transporte festzustellen, die Truppenteile zu erfahren oder den Ausbildungsgrad der Ersatzmannschaften zu erkunden, um diese militärischen Informationen an den Feind weiterzugeben. Gebhard und seinen Kameraden wurde verdeutlicht, dass sie die Pflicht hätten, verdächtige Personen den öffentlichen Organen wie dem Bahnhofskommando, der Polizei oder dem Bahnpersonal anzuzeigen und sie an Fluchtversuchen zu hindern.[92]

---

[90] Schachtel FV/11

[91] Vgl. Stolz 1938, S.163

[92] Vgl. Vorarlberger Volksblatt, 16. Jänner 1915, S. 3

1915, Zurück an der Front am Dukla-Pass

Es war der 10. Jänner des neuen Jahres als Gebhard in Galizien ankam.[93] Die Donaumonarchie befand sich mittlerweile in einer äusserst kritischen Lage. Die Russen hatten sich inzwischen in den Karpaten festgesetzt und drohten in die ungarische Tiefebene einzufallen. Trotz Waffen- und Munitionsmangel der russischen Armeen, stellten sie für die österreichisch-ungarischen Streitkräfte eine durchaus ernst zu nehmende Gefahr dar. Daher war es ein Gebot der Stunde, die russischen Streitkräfte so rasch wie möglich von den Karpaten zu vertreiben.[94]
Gebhard wurde in den Karpaten am Dukla-Pass eingesetzt.[95] Später ließ Gebhard auf seinem Kriegschronik-Bild „Dukla-Pass bei Roskanka“ vermerken. Leider konnte aber bei Nachforschungen kein Ort Namens „Roskanka“ gefunden werden. *„Einen Ort mit dem Namen „Roskanka“, oder ähnlich, konnten wir im Zusammenhang mit dem Dukla-Pass nicht ermitteln“.* So Hauptmann Berger vom Militärgeschichtlichen Forschungsamt (MGFA) in Potsdam.
Umgeben von riesigen Waldgebieten lag nördlich vor Gebhard der Ort Barwinek, südlich die Ortschaft Vyšný Komárnik.[96] Der Dukla-Pass war der niedrigste Gebirgspass in den Karpaten[97], was bestimmt kein Nachteil war, denn die selbstgeschaffenen Unterkünfte gewährten nur notdürftigsten

---

[93] Vgl. Kriegschronik-Bild und Fragebogen Wehrevidenzstelle Linz, 1939

[94] Vgl. Astorri und Salvadori 2003, S. 71

[95] Vgl. Kriegschronik-Bild und Fragebogen Wehrevidenzstelle Linz, 1939

[96] Vgl. Wikipedia B, 2012

[97] Vgl. Wikipedia B, 2012

Schutz vor Kälte und Nässe.[98] Die Kämpfe zu denen Gebhard stieß, waren bereits seit etwa einem Monat im Gange,[99] und die Truppen waren für die ausserordentlichen Schwierigkeiten eines Winterkrieges im Gebirge weder entsprechend ausgebildet noch ausgerüstet.[100] Auch die Versorgung der Truppen galt in dem dünn besiedelten Gebiet als enorm schwierig.[101]
Während in Gebhards Heimat neun Kinder aus Nofels, Levis und Gisingen Weihnachtsgaben geschenkt bekamen, (zumindest wurden diese Kinder laut einem Dokument der Bezirkshauptmannschaft Feldkirch dafür in Betracht gezogen) da deren Väter im Krieg gefallen waren,[102] wurde es gegen Ende Monat bei Gebhard immer kälter. Nicht selten waren bei den Soldaten schwere Krankheiten die Folge, wegen erfrorener Gliedmaßen galten sie kampfunfähig.[103] Das Bergen solcher Verwundeten und Kranken war wegen hohem Schnee und den hohen Gebirgsstellungen oft äusserst schwierig. In diesem Punkt befanden sich die Russen in einer günstigeren Lage, denn an allen wichtigen Kampfabschnitten besaßen sie gut angelegte Stellungen, die Schutz gegen die Witterung boten und die Verletzten und Kranken aufnehmen konnten. Ausserdem waren die Soldaten mit dicken Mänteln und Filzstiefeln besser ausgerüstet.[104]

---

[98] Vgl. Wintersonnwende, 2012

[99] Vgl. Wikipedia C, 2012

[100] Vgl. Piekalkiewicz 1988, S.102

[101] Vgl. Deutsches Historisches Museum, 2012

[102] Vgl. Schachtel FV/11

[103] Vgl. Friedeburg 1924, S. 19-20

[104] Vgl. Friedeburg 1924, S. 26

Auch im darauf folgenden Monat ging der Kampf gegen Feind und Wetter weiter. So bietet beispielsweise der österreichisch-ungarische Heeresbericht vom 9. Februar einen Einblick über die Kämpfe am Dukla-Pass. Darin heißt es: *(...) „Noch weiter westlich, in der Gegend des Dukla-Passes, ist es uns gelungen, den dort mit übermächtigen Kräften angesetzten Durchbruchsversuch der Russen endgültig zu verhindern, für dass an dieser gefährdeten Stelle unserer Front nunmehr nach zweiwöchigen, für die Russen äußerst verlustreichen Kämpfen eine ähnliche feste Front gebildet werden konnte, wie sie von da ab über Gorlice-Tarnow und Dunajec bereits seit zwei Monaten besteht. Wir können sehr zufrieden sein.“*[105]
An diesem Tag erfuhr Gebhard bestimmt auch vom Tode eines jungen Kameraden am Dukla-Pass. Er war erst 22 Jahr alt.[106]
Mitte Februar kamen die russischen Angriffe vorübergehend zum Stehen,[107] doch schon ging der Kampf gegen die Natur weiter. Es kam nämlich Tauwetter auf, was jedoch nicht zu einer Entspannung der Lage führte, sondern die Zahl der erkrankten Soldaten nur noch erhöhte. Denn die Gräben standen nun unter Wasser![108] Ein Kälterückfall mit schweren Schneestürmen in den ersten Märzwochen setzte den Soldaten weiter zu.[109] Besonders die Nacht vom 7. auf den 8. März war eisig kalt, und nicht selten gefroren in solchen Nächten die durchnässten Kleider.[110] Die Angriffe wurden durch dieses

---

[105] Stahlgewitter 1914-1918 A, 2009

[106] Vgl. Riesengebirgler, 2013

[107] Vgl. Wintersonnwende, 2012

[108] Vgl. Friedeburg 1924, S. 46

[109] Vgl. Wintersonnwende, 2012

[110] Vgl. Friedeburg 1924, S.60

Wetter etwas reduziert, und es begann mehr und mehr der mühselige, langwierige Stellungskrieg.[111]

Möglich, dass Gebhard im Laufe dieser Wochen und Monate einen Karpatenbauern zu Gesicht bekam. Eine typische Bauernfamilie wohnte in einem Raum, zusammen mit dem Kleinvieh. Die Wände des Wohnraumes waren überreichlich mit Heiligenbildern behängt. Ein Ackerbau war auf Grund des kargen und steinigen Bodens nur erschwert möglich. Daher ernährte sich die Bevölkerung, die sich meist mit Schafpelzen bekleidete, hauptsächlich von Viehzucht.[112]
Am Abend des 22. März war aus den russischen Gräben lautes *„Hurra!"* zu hören. Die Meldung kam: Festung Przemysl gefallen! Bei den Soldaten tauchte die Frage auf, wozu jetzt noch ein Angriff durch die Karpaten fortsetzen? Und die Sorge wuchs, was die Russen mit den nun frei gewordenen Truppen machen würden. Bereits wenige Tage später war diese Frage beantwortet. Der Feind setzte die Truppen genau in der Gegend von Gebhards Einheit ein! Mit starken Kräften gingen sie gegen die Dukla-Senke zum Angriff über. Die Deutschen Truppen, die weiter östlich lagen, mussten zur Unterstützung herbeieilen, was zu zahlreichen Truppenverschiebungen führte.[113]
Während dieser angespannten Zeit an der Front begann eine Woche später in Gebhards Heimatstadt die Ausgabe der Lebensmittelmarken für Brot und Mehl,[114] da es in Feldkirch keine größeren Getreide- und Lebensmittelvorräte gab. Die Versorgung wurde durch die Kriegsgetreideanstalt in Wien zentral gelenkt. Trotzdem gab es alle wichtigen

---

[111] Vgl. Wintersonnwende, 2012

[112] Vgl. Friedeburg 1924, S. 56

[113] Vgl. Friedeburg 1924, S. 60-61

[114] Vgl. Vorarlberger Volksblatt, 27. März 1915, S. 6

Nahrungsmittel bald nur noch gegen Lebensmittelmarken in städtischen Lebensmittelgeschäften. Der Feldkircher Bürgermeister Unterberger versuchte in enger Zusammenarbeit mit dem Bürgermeister von Bregenz immer wieder, aus neutralen Staaten wie der Schweiz, Holland und Dänemark und auch aus Deutschland Lebensmittel für Feldkirch zu besorgen. Dennoch musste beispielsweise das Brotmehl mit Stärkemehl gestreckt werden, was natürlich die Qualität stark minderte.[115]
In der Zeitung bekamen Gebhards Angehörige zuhause immer mehr Artikel über harte Schicksalsschläge zu lesen, wie etwa den eines blinden Vaters, der all seine sieben Söhne im Krieg verlor.[116] Oder den der Eltern, die ihre 15 Jahre alte Tochter nach schmerzlicher Krankheit verloren, nachdem ihre 24jährige Schwester vor acht Monaten verstarb. Von den sieben Brüdern standen fünf im Kriege, der sechste wurde bei der Musterung gerade für tauglich befunden. Nun blieb den trauernden Eltern von allen neun Kindern nur noch ein 14jähriger Knabe.“ [117] Und in Gebhards Heimatdorf Nofels machte die traurige Nachricht die Runde, dass der Wirt vom Gasthof Sternen gefallen war.[118]
Angesichts solcher Berichte ist der Entscheid eines Soldaten, der nach viermaliger Verwundung einen kurzen Heimaturlaub bei seiner Frau und seinen sieben Kindern ablehnte, kaum nachzuvollziehen. Seine Begründung war, er habe Frau und Kindern gelobt, nur als Sieger, nicht anders heimzukehren.

---

[115] Vgl. Volaucnik, 1998, S. 49

[116] Vgl. Vorarlberger Volksblatt, 17. Jänner 1915, S. 5

[117] Vgl. Vorarlberger Volksblatt, 24. Februar 1915, S. 3-4

[118] Vgl. Vorarlberger Volksblatt, 29. Jänner 1915, S. 5

Das Gelöbnis wolle er halten. Entweder wolle er als Sieger und freier Deutscher in die Heimat zurück - oder tot![119]

Die wärmeren Frühlingstage setzten sich unterdessen in Gebhards Gegend nun allmählich gegen die kalten Tage durch, und die warme Mittagssonne begann Wege und Hänge allmählich zu trocknen.[120]
Mit der Osterschlacht war der letzte große Durchbruchsversuch der Russen nach Ungarn endgültig gescheitert[121], und die Soldaten erholten sich zusehends von den Schrecken des Karpatenwinters. Die Zeit wurde genützt, um die Truppen nach den Monaten im Schützengraben für die Aufgaben im Bewegungskampf vorzubereiten.[122]
Gebhard wusste, dass der Krieg in den Karpaten für ihn somit zu Ende war. Was ursprünglich in vierzehn Tagen hätte vollbracht werden sollen, hatte vier lange Monate in Anspruch genommen, was die gewaltigen Schwierigkeiten des winterlichen Gebirgskrieges verdeutlicht.[123]

---

[119] Vgl. Vorarlberger Volksblatt, 17. Jänner 1915, S. 5

[120] Vgl. Friedeburg 1924, S. 77-78

[121] Vgl. Wintersonnwende, 2012

[122] Vgl. Friedeburg 1924, S. 77-78

[123] Vgl. Friedeburg 1924, S. 84

1915, Maioffensive

Im Frühjahr des neuen Jahres stand für Gebhard ein neuer Gefechtsabschnitt mit einer neuen Aufgabe bevor. Die Kämpfe in den Karpaten, welche zu den Verlustreichsten des Ersten Weltkrieges zwischen den Mittelmächten und dem Russischen Reich gehörten,[124] lagen endlich hinter ihm.
Er diente nun im „Bataillon Bondy". Dieses Bataillon war der Deutschen Südarmee - dem Korps Hofmann - unterstellt.[125] Sehr gut möglich ist, dass Gebhard bereits in der Zeit in den Karpaten in dieser Einheit diente. Ein Indiz, das für diese Möglichkeit spricht, ist, dass diese Einheit nur ein Tag nach Gebhards Ankunft am 11. Jänner zur Unterstützung der österreichisch-ungarischen Streitkräfte an der Ostfront aufgestellt wurde.[126] Ein zweites Indiz ist eine noch heute existierende Karte. Darin ist vom *„Karpathen-Korps Hofmann"* die Rede, und dies war vermutlich ein Erinnerungsgeschenk an Gebhard.
Die Österreich-Ungarischen Soldaten bildeten innerhalb der Deutschen Südarmee mit Feldmarschallleutnant Peter Freiherr von Hofmann als Kommandanten einen eigenen Korps und standen so nicht unter deutschem Oberbefehl. Feldmarschallleutnant Hofmann war gebürtiger Wiener und war elf Jahre älter als Gebhard. Er sprach neben Deutsch fließend französisch und ausserdem etwas ungarisch und italienisch.[127] Für die erfolgreichen Kämpfe in den Karpaten

---

[124] Vgl. Wikipedia C, 2012

[125] Vgl. Fragebogen Wehrevidenzstelle Linz, 1939

[126] Vgl. Deutsche Kriegsgeschichte, 2012

[127] Vgl. Weltkriege, 2012

wurde er mit dem Ritterkreuz des Militär-Maria-Theresien-Ordens ausgezeichnet.[128]

„Strypafront Podolien, 19. März 1916.
Zur Erinnerung an unsere Kriegszeit im Karpathenkorps
F.M.L. (Anm. Feldmarschallleutnant) Hofmann,
Deutsche Südarmee“

Abbildung 4: Vermutlich eine Erinnerungs-Karte an Gebhard.
Gebhard selbst ist nicht abgebildet.
Quelle: Josef Wehinger

[128] Vgl. Österreich-Ungarns letzter Krieg 1914-1918, Band II, S. 264

Gegen Ende April begannen die Kämpfe in der Gegend bei Skole, eine Stadt westlich von Bolechow. In diesem neuen Einsatzgebiet war der landschaftliche Unterschied für Gebhard zwar nicht so groß wie für all jene, die zuvor in noch höheren Abschnitten der Karpaten dienten. Doch bestimmt tat auch Gebhard die Frühjahrssonne gut, die Mitte Mai heiß vom Himmel strahlte. Und da der Feind an den meisten Orten keine Zeit für Zerstörungen mehr hatte, bekam Gebhard freundliche und wohnliche Dorfschaften zu sehen, ohne rauchende Brandstätten, verlassene Häuser und zertretenen Gärten. Es war vermutlich ein ungewohnt anmutiges Bild in diesen schweren Zeiten. Aber es gab auch andere Kampfabschnitte, bei denen die russische Nachhut alle Brücken über Bachläufe verbrannten. Baumstämme, mit Draht verflochtene Chausseesperren dahinter, lagen quer über die Straßen. Gehöfte brannten. Von weitem konnte Gebhard Ohrenzeuge von Detonationen werden die verrieten, dass auch steinerne Brücken und Übergänge gesprengt wurden.[129]
Am 14. Mai befand sich die Masse des Korps Hofmann - darunter auch die 129. Landsturm Brigade mit Gebhard - als Armeereserve zwischen Skole und Tuchla.[130] Der Ort Stryj - nördlich von Skole und Bolechow - sollte eingenommen werden. Doch die Kämpfe erwiesen sich als hartnäckig und die Erfolge blieben weit hinter den Hoffnungen zurück. Nirgends konnte gestürmt werden. Selbst die Artillerie konnte den vielen, tief eingebauten Hindernissen und Verteidigungsanlagen des Feindes nicht viel anhaben. Nicht besser erging es Gebhards Einheit - dem Korps Hofman - in den Wäldern östlich von Bolechow.[131]

---

[129] Vgl. Friedeburg 1924, S. 82

[130] Vgl. Österreich-Ungarns letzter Krieg 1914-1918, Band II, S. 399

[131] Vgl. Österreich-Ungarns letzter Krieg 1914-1918, Band II, S. 442-443

Am 28. Mai in der Früh machten Gerüchte die Runde, die möglicherweise auch Gebhard erreichten: Zwei Züge sollen den Bahnhof Stryi in nördliche Richtung verlassen haben. Und da die Gasanstalt der Stadt lichterloh brannte, munkelten die Soldaten, dass dies vielleicht den Rückzug des Feindes bedeuten könnte. Jedoch bereits am Abend bewies das übliche lebhafte Feuer der russischen Infanterie und das der Artillerie das Gegenteil.[132]
Der neue Angriffsbefehl erreichte die Truppen: Stryi soll am 31. Mai genommen werden, österreichisch-ungarische Landstürmer gehörten zu denjenigen Einheiten, die eine andere Aufgabe erhielten: Sie sollten in starrer Verteidigung den Gegner in Schach halten. Unter anderem war für diese Aufgabe auch Gebhards Einheit eingeteilt.[133] Doch Tags zuvor, am 30. Mai, geschah etwas völlig Unerwartetes! Der Feind griff in den Morgenstunden selbst an! Wenige Stunden später ließen Meldungen erkennen, dass der russische Angriff beim Korps Hofmann eine bedenkliche Lage geschaffen hatte. Südlich Bania war die 12. Österreichische Landsturm-Brigade über den Haufen geworfen worden, und es konnte nicht festgestellt werden, wo ihre Reste geblieben waren. Auch nicht, wie es in der Ortschaft Bolechow aussah. Es wurde vermutet, dass dieser Ort verloren ging.
Gegen Mittag verfasste Gebhards Feldmarschall-Leutnant Hofmann in einem Bericht, dass die Bahnlinie nördlich von Bolechow, der Bahnhof und der Ort Bolechow selbst noch gehalten werde. Der Schlusssatz lautete: *„Das Korps steht infolge der Verluste in den Kämpfen seit 16. Mai ohne Reserven. Es ist bedenklich, ob das Korps die innehabende Linie wird halten können.“* Tatsächlich verlor das Korps Hofmann viele Soldaten, die in Gefangenschaft gerieten. Den

---

[132] Vgl. Friedeburg 1924, S. 98

[133] Vgl. Friedeburg 1924, S. 99

endgültigen Schlag gegen die österreichisch-ungarischen Truppen wagte der Feind in der Nacht allerdings nicht.[134]
In Gebhards Einheit machte erneut ein Gerücht die Runde. Ihr Leutnant galt als vermisst und soll ebenfalls in Gefangenschaft geraten sein! Auf einem noch heute existierenden Foto ist auf der Rückseite notiert: *„Mein Herr Leutnant Josef Unterlechner, Postbeamter in Innsbruck, ist seit 30. Mai 1915 vermisst. Sehr wahrscheinlich in russische Gefangenschaft. Gott gebe es."* Recherchen in Archivunterlagen ergaben, dass Gebhards Leutnant Josef Unterlechner tatsächlich am 30. Mai 1915 bei Bolechow in russische Kriegsgefangenschaft geriet. Der 1,67 m kleine Postkommissar – aber immerhin 7 cm größer als Gebhard - wurde 1877 in Wilten geboren, wurde am 16. März 1915 zum Leutnant der Landsturmeinheit ernannt und stand unter der Führung von Major Bondi. Erst im Jahre 1920 wurde er am 4. Dezember aus der Gefangenschaft entlassen.[135]

Laut dem Fragebogen zur Militärdienstbestätigung soll Gebhard an diesem Tag, am 30. Mai, vom Landsturm Bataillon Bondi die Silberne Tapferkeitsmedaille zweiter Klasse bekommen haben.[136] Wie wir heute wissen gehörte das Bataillon Bondi zwar tatsächlich dem Korps Hofmann an, die Recherche des Österreichischen Staatsarchivs nach dieser Medaille verlief jedoch negativ!
Dabei ließ Gebhard selbst auf seinem Kriegschronik-Bild diese Medaille auflisten. In Abkürzungen sind auf dem Bild notiert: *„Silber. T.M. ed. II Kl. Brz. T.M. ed. 2x Karl Trupp. Krz. Mil. Verd. Med."* Hauptmann Berger vom Militärgeschichtlichem Forschungsamt in Potsdam ergänzt dazu: *„Die Abkürzungen*

---

[134] Vgl. Friedeburg 1924, S. 100-102

[135] Vgl. Archiv-Dokumente Josef Unterlechner

[136] Vgl. Fragebogen Wehrevidenzstelle Linz, 1939

der erhaltenen Auszeichnungen bedeuten in Reihenfolge folgendes: Silberne Tapferkeitsmedaille II. Klasse, Bronzene Tapferkeitsmedaille, Karl-Truppenkreuz, Militärverdienstmedaille."[137]
Die Bronzene Tapferkeitsmedaille bekam Gebhard laut seinem ausgefülltem Fragebogen sogar zweimal.[138] Allerdings sind heute insgesamt nur noch drei Medaillen vorhanden. Nämlich die Bronzene Tapferkeitsmedaille, das Karl Truppenkreuz und das Ehrenkreuz für Kriegsteilnehmer 1914-1918. *„Das Ehrenkreuz des Weltkrieges 1914-1918 ist eine Auszeichnung des Deutschen Reiches und wurde am 13.07.1934 nachträglich vom Reichspräsidenten von Hindenburg gestiftet und an Kriegsteilnehmer, die auf deutscher Seite oder auf Seiten der Verbündeten Kriegsdienste geleistet hatten, auf Antrag verliehen."*[139]
Auch die so genannten BKB Nummern konnten in dieser Frage, welche Medaillen Gebhard tatsächlich verliehen bekam, nicht weiterhelfen. Hans-Peter Haberditz (Büro für genealogische, historische und militärische Forschungen, Professionelle Ahnenforschung) meinte: *„Aus den BKB Nummern bin ich auch nicht schlau geworden. Das muss ein Verzeichnis sein, denn die gleiche Bezeichnung steht bei allen Namen darunter (B.K.N. Nr. ex 241). Habe auch in den mir vorliegenden Büchern und sonstigen Akten nichts weiterführendes finden können."*[140]

Am nächsten Tag war Stryj eingenommen, und der Druck der Russen auf das Korps Hofmann hatte für ein paar Tage

---

[137] Hauptmann Berger, 2010

[138] Vgl. Antrag für Militärentlassungsschein, 1939

[139] Hauptmann Berger, 2010

[140] Hans-Peter Haberditz, 2012

merklich nachgelassen.[141] Das Korps Hofmann verlor in diesen Kämpfen allerdings über 4000 Mann![142]

Abbildung 5: *„Mein Herr Leutnant Josef Unterlechner, Postbeamter in Innsbruck, ist seit 30. Mai 1915 vermisst. Sehr wahrscheinlich in russische Gefangenschaft. Gott gebe es."* Quelle: Josef Wehinger

---

141 Vgl. Österreich-Ungarns letzter Krieg 1914-1918, Band II, S. 444-446

142 Vgl. Österreich-Ungarns letzter Krieg 1914-1918, Band II, S. 444

Abbildung 6: *„Mein Herr Leutnant"*
Quelle: Josef Wehinger

Abbildung 7: Diesem Foto kann weder ein Ort noch ein Datum zugewiesen werden. Gebhard links.
Quelle: Josef Wehinger

1915, Verfolgung bis zum Fluss Bug

Die tief eingeschnittenen Zuflüsse des Dniester - die Zlota Lipa, die Strypa, der Sereth und der Zbrucz - boten den Russen eine Reihe vortrefflicher paralleler Widerstandslinien. Eine von der anderen nicht viel mehr als einen Tagesmarsch entfernt. Im Norden waren der Fluss Bug, das versumpfte Quellgebiet der Luga, der Turya und des Stochod sowie die versumpften flachen Täler des Styr und des Horyn mit ihren Nebenflüssen für Heeresbewegungen sehr hinderlich. Auch die Nachschubverhältnisse für die k.k. Armeen lagen recht ungünstig, und die Russen hatten auf ihrem Rückzug alle Bahnen zerstört.[143] Diese systematische Zerstörung der Straßen, Bahnlinien, Brücken und Gebäude durch den Feind selbst wurde als Taktik der „verbrannten Erde" bezeichnet. So sollte nichts den österreichisch-ungarischen Truppen in die Hände fallen, was für sie von Nutzen sein konnte. Auf diese Art wurde der Nachschub stark behindert oder gar gestoppt.[144] Diese Vorgehensweise wandte die russische Armee auch einige Jahre später im zweiten Weltkrieg an, wie es auch Gebhards Sohn Emil rund 30 Jahre später erfahren sollte.
Die ersten Junitage waren sehr warm und machten den Soldaten zu schaffen. Dichter Staub, der von den Straßen aufwirbelte, trug seinen Teil dazu bei. Die kurzen Nächte brachten keine Erfrischung, und so blieben viele erschöpfte Soldaten auf den langen Märschen zurück. Es waren aber auch feindliche Soldaten, die auf dem Rückzug das Tempo ihrer Einheit nicht mehr mithalten konnten und so gefangen genommen werden konnten. Erst ein Gewitter mit starken Regengüssen, am Abend des 4. Juni, behob die Schwüle, löschte den Staub in der Luft und erfrischte die matten

---

[143] Vgl. Österreich-Ungarns letzter Krieg 1914-1918, Band III, S. 53

[144] Vgl. Piekalkiewicz 1988, S.225

Soldaten.[145] Die Kehrseite der Medaille war jedoch, dass die Waldwege für einige Tage in Morast verwandelt wurden.
Gebhards Einheit sah sich nun bei Holyn und Zawadka neuem russischem Widerstand gegenüber[146] und löste am 9. Juni die 1. Infanterie Division in Halitz ab.[147] Dort beobachtete Gebhard vermutlich einige feindliche Flieger, die am Himmel kreisten. Ein einziger deutscher Flieger versuchte vergeblich ihnen die Luftherrschaft streitig zu machen.[148]
Am darauf folgenden Tag brütete erneut die Hitze über das Land. Gut vorstellbar, dass Gebhard und seine Kameraden in diesen Tagen erschöpft und müde in einem schattigen Plätzchen ruhten. So wie viele andere auch, die in Häusern oder Gärten ruhten und sich nicht einmal von auf den Schläfern wimmelnden Fliegen vom Schlaf abhalten ließen. Die Wachen standen mit ihren staubbedeckten Uniformen tapfer gegen die Müdigkeit ankämpfend. Nur zu oft liefen plötzlich Offiziere, Ordonnanzen und Unteroffiziere von Haus zu Haus und riefen erbarmungslos *„Sofort antreten!"* Die Soldaten rieben sich schimpfend und fluchend den Schlaf aus den Augen, zogen den durchschwitzten staubigen Rock wieder an, hingen den schweren Assen um, und alles marschierte weiter.[149]
Mitte Juni machte Gebhards Einheit in Halicz einigen Fortschritt,[150] und wenige Tage später, am 26. Juni, war die Südarmee im Besitz der Dnjester-Linie und hatte nun freie

---

[145] Vgl. Friedeburg 1924, S. 120-123

[146] Vgl. Österreich-Ungarns letzter Krieg 1914-1918, Band II, S. 460

[147] Vgl. Friedeburg 1924, S. 142

[148] Vgl. Friedeburg 1924, S. 136

[149] Vgl. Friedeburg 1924, S. 142

[150] Vgl. Österreich-Ungarns letzter Krieg 1914-1918, Band II, S. 465

Bahn zur Verfolgung in nordöstlicher Richtung.[151] Am darauf folgenden Tag rückte das Korps Hofmann kampflos in Halicz ein,[152] und Tags darauf wurde die Verfolgung fortgesetzt.[153]

In diesem Monat Juni begann viel weiter weg der Krieg in den Dolomiten, nachdem italienische Truppen in das von den österreich-ungarischen Truppen verlassene Cortina einmarschierten. Schwache Verbände, die als letzte Reserve mobilisiert und nur noch kurzzeitig ausgebildet werden konnten, waren nun für die Sicherung der Grenze verantwortlich.[154] Der Beginn dieser Kämpfe an der Südfront hatte eine zweite Flüchtlingswelle zufolge. Die Leute kamen vom Trentino nach Vorarlberg, mussten aber nach Veranlassung der Militärregierung Vorarlberg wieder verlassen und sich in Ostösterreich aufhalten.[155] Diese Berglandschaft sollte im folgenden Jahr Gebhards neuer Einsatzraum werden! [156]

Doch noch befand sich Gebhard inmitten der Verfolgungskämpfe. Und ein neuer, heimtückischer Feind trat in Erscheinung. Die Cholera! Viele Einwohner verloren dadurch ihr Leben, doch bei den Truppen konnten die Krankheitsfälle auf ein geringes Maß beschränkt werden.[157]

---

[151] Vgl. Friedeburg 1924, S. 151

[152] Vgl. Österreich-Ungarns letzter Krieg 1914-1918, Band II, S. 569

[153] Vgl. Österreich-Ungarns letzter Krieg 1914-1918, Band II, S. 569

[154] Vgl. Wachtler und Obwegs 2003, S. 200

[155] Vgl. Volaucnik, 1998, S. 48

[156] Vgl. Kriegschronik-Bild

[157] Vgl. Friedeburg 1924, S. 156

Anfangs Juli erfolgte eine Umorganisation der Südarmee, und es wurde die so genannte Bugarmee neu gebildet.[158]

Diese Umorganisation wurde bei den Nachforschungen über Gebhards Zeit an der Ostfront als Anlass genommen, nicht weiter zu recherchieren! Es stünde nämlich ein zu großes Fragezeichen hinter Gebhards möglicher Einheit, in der er sich bis zu seinem Abtransport nach Italien gegen Ende dieses Jahres befand. Auch weitere Einsatzorte konnten aus Gebhards späteren Unterlagen nirgends herausgelesen werden. Lediglich *„Stellungskampf"* gab Gebhard auf seinem Kriegschronik-Bild an.

Die neue russische Offensive, die so genannte Neujahrsschlacht, welche am 27. Dezember startete,[159] blieb Gebhard jedenfalls erspart, denn nur wenige Tage vor Beginn dieser Offensive gehörte auch er all jenen an, die nach Westen an eine neue Front abgezogen wurden.[160]
Die Ostfront hatte Gebhard somit überstanden. Viele andere Soldaten der österreichisch-ungarischen Armee hatten weniger Glück. Allein zwischen Anfang Mai und Ende August mussten 500.000 Landsleute die Eroberung großer Gebiete im Osten mit Verwundung, Gefangenschaft oder gar mit dem Leben bezahlen.[161] Allein 2420 Vorarlberger ließen auf dem russischen Kriegsschauplatz ihr Leben. Über 600 davon waren wie Gebhard Landstürmer.[162]

---

[158] Vgl. Friedeburg 1924, S. 156

[159] Vgl. Piekalkiewicz 1988, S.232

[160] Vgl. Kriegschronik-Bild

[161] Vgl. Piekalkiewicz 1988, S.233

[162] Vgl. Binder 1959, S. 54

Abbildung 8 und 9: Diesen Fotos können weder ein Ort noch ein Datum zugewiesen werden. Deutlich am Tisch zu erkennen: Beide Fotos zeigen denselben Stützpunkt!
Quelle: Josef Wehinger

1916, Verlegung in die Dolomiten

Vier Tage vor Weihnachten 1915 befand sich Gebhard mal wieder in einem Eisenbahnwaggon. Der Weg führte von Galizien nach Rovereto in Italien.[163] In dieser Stadt verbrachte Gebhard vermutlich auch Heiligabend. Zumindest war er über die Festtage noch nicht an der Front, denn laut einem Archiv-Dokument stand er erst ab dem 10. Januar 1916 *„im Felde"*.[164] Genau wie vor einem Jahr, als er ebenfalls am 10. Januar an der Front am Dukla-Pass in den Karpaten eintraf.
Das Gebiet in das es Gebhard nun verschlug, wurde als „Subrayon V" bezeichnet. Es umfasste im Wesentlichen den Grenzbereich in den Dolomiten und war durch schmale Täler geprägt, die einen gewissen Schutz boten. Fast alle führten zum Lebensnerv der österreichisch-ungarischen Front zu Italien, dem Pustertal. Daher war gerade dieser Abschnitt einer der wichtigsten in den Überlegungen für Festungsbauten.[165]
Seine neue Einheit war nun die 2. Kompanie des „Landsturm Bataillon III",[166] der er von nun an bis Kriegsende angehörte. Dieses Bataillon gehörte dem Korps Roth/ Division Pustertal/ Gruppe Oberstleutnant Freiherr von Pasetti an.[167]
Gebhards genauer Einsatzort befand sich am Valparolapass beim Berg Sasso di Stria - oder auch „Sasso" genannt.[168]

---

[163] Vgl. Kriegschronik-Bild

[164] Vgl. Verleihungs-Antrag 2 - Österreichisches Staatsarchiv

[165] Vgl. Grestenberger 2000, S. 114

[166] Vgl. Heeresarchiv Wien, 1940 und Legitimationsblatt

[167] Vgl. Österreich-Ungarns letzter Krieg 1914-1918, Band V, S. 9

[168] Vgl. Fronte Dolomitico A, 2013

Dass mit Gebhards Eintrag auf seinem Kriegschronik-Bild *„Monte Zaso"* wohl der Monte Sasso (Sasso di Stria) gemeint war[169], darauf brachte mich netterweise die Frau des Schriftstellers Robert Striffler in einem Telefongespräch, und weitere Recherchen in diese Richtung bestätigten ihre Vermutung.
Dieser allein stehende, 2477 Meter hohe Kegel wurde auch Hexenstein oder Hexenfels genannt und erhob sich zwischen dem Kleinen Lagazuoi (2778 Meter) und dem Col di Lana (2462 Meter). Da die Italiener immer wieder Versuche starteten, über den Lagazuoi bzw. den Col di Lana durchzubrechen, hatte dieser Berg eine enorm wichtige strategische Bedeutung.[170] Denn abgesehen von der Abwehr der italienischen Angriffe über beide Seiten des Berges, ermöglichte er eine gute Beobachtung des Feindes und deren Angriffe auf dem Lagazuoi und den Col di Lana. Ausserdem konnten Angriffe auf den Col di Lana, sowie italienische Transporte über die Dolomitenstrasse von höher gelegenen Stellungen aus unter Beschuss genommen werden.[171]

Während der Col di Lana von Österreichern besetzt war, verschanzten sich auf dem Lagazuoi sowohl Österreicher als auch italienische Truppen. Mit größter Tatkraft bohrten beide Seiten immer mehr Kavernen in den Fels, in denen sie vor Artilleriefeuer sicher waren.[172] Doch nicht nur Kavernen wurden gebaut, auch Minengänge wurden unter die feindlichen Stellungen gebohrt um diese darauf in die Luft zu

---

[169] Frau Striffler, 2012

[170] Vgl. Langes 1972, S. 140

[171] Vgl. Illing und Brandauer 2008, S. 12

[172] Vgl. Langes 1972, S. 140

sprengen. Die längste Bohrung der Italiener am Lagazuoi betrug 1.110 Metern reinen Felsstollens![173]
Unter Aufwand hunderten von Männern, vielen Monaten und gewaltige Mengen an Sprengstoff wurden solche Stollengänge Meter um Meter vorgearbeitet. Im Innern der Berge kam es so zu regelrechten Kämpfen gegen einen unsichtbaren Feind, den man durch die Grabungsarbeiten zwar hören konnte, doch wusste man nie genau, ob man dem gegnerischen Stollen richtig entgegen bohrte oder wie weit man von ihm noch entfernt war. Das Glück bestimmte, wer früher den Stollen des Gegners mit der Sprengung zerstörte und mit einem Schlag die Arbeit vieler Monate zunichte machte.[174]

Während sich Gebhard vermutlich mehr und mehr ein Bild über seinen neuen Einsatzort machte, bekam er auch allmählich einen Überblick über die verschiedenen Stellungen: Am einen Ende des Sasso lag am Fuße des Berges das Werk Tre Sassi. Der richtige Name des Werkes sollte nach der Örtlichkeit eigentlich Tra i Sassi (Zwischen den Felsen) lauten, dennoch wurde das Werk Tre Sassi (Drei Felsen) genannt.[175]
Bereits im Jahre 1897 wurde es zur Verteidigung der südlichen Grenzen des österreichisch-ungarischen Reiches erbaut und 1910 modernisiert. Es erwies sich jedoch rasch als unzureichend angesichts der inzwischen fortgeschrittenen zerstörerischen Fähigkeiten der Artillerie.[176] Bereits anfangs Juli 1915 wurde es von einer Granate getroffen, und verursachte Tote und Verletzte unter den Besatzungsmitgliedern. Obwohl das Werk evakuiert werden musste, wurde das Innere der Festung zur Täuschung des

---

[173] Vgl. Langes 1972, S. 34

[174] Vgl. Nettelbeck 1979, S. 18-20

[175] Vgl. Langes 1972, S. 34

[176] Vgl. Dolomiti A, 2013

Feindes bis Monatsende beleuchtet, während im umliegenden Gebiet Unterstände gebaut wurden. Danach wurde es nur noch als Lager und Schlafplatz verwendet.[177] Die Kanonen aus diesem Werk mit den Namen Max und Moritz wurden von dort entfernt und auf dem Sasso in Stellung gebracht. Auch die beiden 6 cm-Kanonen kamen auf den Hochstellungen zum Einsatz.[178] So sah Gebhard dieses Werk beinahe in dem Zustand, wie es heute noch zu betrachten und als Museum zu besuchen ist.

Abbildung 10: Werk Tre Sassi (Heute ein Museum).
Hintergrund: Sasso di Stria, Richtung Falzarego-Pass.
Quelle: Benjamin Wehinger - Wanderung 2013

---

[177] Vgl. Illing und Brandauer 2008, S. 10

[178] Vgl. Langes 1972, S. 34

Etwas weiter unten Richtung Col di Lana befand sich die so genannte Edelweiss-Stellung. Schützengräben zwischen dem Sasso und Settsass verhinderten die Angriffe vom Andrazwaldes (auch Castellowald genannt) her.[179]
Da der Andrazwald den Italienern eine optimale Deckung und viel Platz für die Vorbereitungen der Angriffe bot, wurde dieser vom Sasso aus oftmals mit Brandgranaten in Brand gesetzt, und anschließend mit Maschinengewehrfeuer beschossen, um die Italiener an den Löscharbeiten zu hindern. Für die angreifenden Italiener bot der steile Berghang empor aber keine Deckung mehr. So kamen sie gerade mal bis zum Drahtverhau den es zu überwinden galt. Chancenlos gegen das Feuer der Maschinengewehre.[180]

Abbildung 11: Edelweiss-Stellung. (mit Kreis eingezeichnet)
Quelle: Benjamin Wehinger - Wanderung 2015

[179] Vgl. Illing und Brandauer 2008, S. 12

[180] Vgl. Illing und Brandauer 2008, S. 18

Abbildung 12 und 13:
Edelweiss-Stellung.
Quelle: Benjamin Wehinger
Wanderung 2015

Abbildung 14 und 15:
Edelweiss-Stellung.
Quelle: Benjamin Wehinger
Wanderung 2015

Auf der anderen Seite des Sasso musste die Sperre Tre Sassi (später nach dem Namen des Kommandanten Vonbank-Stellung genannt) vom Falzarego-Pass kommende Angriffe abwehren.[181] In der Geröllhalde am Fuße des Sasso wurden Felsbrocken zu regelrechten kleinen Festungen ausgebaut.[182] Die Strasse des Valparola-Passes wurde mit drei Reihen Drahtverhau, welcher von der Felswand des Lagazuoi bis zu den Felsen des Sasso reichten, versperrt. Nur im Schutz der Dunkelheit und Nebel hatten Spähtrupps eine Chance für Überraschungsangriffe.[183]

Goiginger-Stellung

Vonbank-Stellung
(Rechts Lagazuoi)

Abbildung 16: Stellungen am Sasso di Stria
vom Falzarego-Pass aus gesehen.
Quelle: Benjamin Wehinger - Wanderung 2013

---

[181] Vgl. Illing und Brandauer 2008, S. 12

[182] Persönliche Eindrücke bei Wanderung 2013

[183] Vgl. Illing und Brandauer 2008, S. 12

Abbildung 17 und 18: Vonbank-Stellung
zwischen Sasso di Stria und Lagazuoi.
Quelle: Benjamin Wehinger - Wanderung 2013

Abbildungen 19 und 20:
Hochstellungen und Laufgraben auf dem Sasso di Stria.
Quelle: Benjamin Wehinger Wanderung 2013

Abbildungen 21 und 22: Hochstellungen auf dem Sasso.
Im Hintergrund der Col di Lana. (Siehe Pfeil)
Quelle: Benjamin Wehinger - Wanderung 2013

Abbildungen 23 und 24: Hochstellungen auf dem Sasso.
Quelle: Benjamin Wehinger - Wanderung 2013

Abbildung 25 und 26: Auf dem Sasso di Stria.
Unteres Bild: Blick auf den Lagazuoi.
Quelle: Benjamin Wehinger - Wanderung 2013

Was für eine Unterkunft Gebhard beim Eintreffen seines neuen Einsatzortes erwartete, kann heute nicht mehr gesagt werden. Vielfach hausten die Besatzungen in einem fensterlosen Bretterkasten im Felsinnern. Die schlechte Luft durch die Ausdünstung der schmutzigen Soldaten, der scharfe Geruch des Leders und der Schuhschmiere, der Kochdunst und der Qualm des rauchenden Ofens waren oftmals unerträglich.[184] Vermutlich sah es auf dem Sasso nicht viel anders aus, auf dem solche kleine Hohlräume heute noch zu sehen sind. Vielleicht aber war Gebhard auch in den Mannschafts-unterkünften der Edelweiss-Stellung untergebracht.[185]

Obwohl wie bereits erwähnt laut einem Archiv-Dokument Gebhard seit dem 10. Januar *„im Felde"* stand,[186] tauchte bei den Recherchen ein weiteres interessantes Datum auf. So könnte Gebhard auch erst in den ersten Märztagen beim Sasso eingesetzt worden sein, als das 3. Regiment der Tiroler Kaiserjäger in diesen Tagen *„nach und nach durch Kompagnien des Landsturmbataillons 3"* (Gebhards Bataillon) ersetzt wurde, und Oberstleutnant Pasetti den Regimentsabschnitt übernahm.[187]

Neben Artilleriefeuer, Patrouillenarbeit und ständige Gebiets-überwachung, standen auch Bau-, Instandhaltungs- und Reinigungsarbeiten an der Tagesordnung. Zwischen den verschiedenen Stellungen wurden Verbindungsstollen errichtet, Wasserzisternen geschaffen und in die steilsten Abschnitte wurden Stufen gebaut. Der Sasso erinnerte mehr und mehr

---

[184] Vgl. Nettelbeck 1979, S. 62

[185] Persönliche Eindrücke bei Wanderung 2013

[186] Vgl. Verleihungs-Antrag 2 - Österreichisches Staatsarchiv

[187] Vgl. Schemfil 1926, S. 312

einer belagerten mittelalterlichen Burg[188], und so konnte sich Gebhard relativ sicher vor dem Feind in den Schützengräben bewegen. Gut vorstellbar, dass Gebhards langjährige Erfahrung als Baupolier beim Errichten der Stellungen und Unterkünften von Nutzen war.
Zusätzlich begann man anfangs dieses Jahres einen 500 Meter langen Felsstollen zu bauen, welcher letztendlich durch den ganzen Felskörper führte und den Namen Goiginger-Stollen trug. Benannt nach dem Generalmajor der Division Pustertal Heinrich Goiginger.[189] Denn gerade die Sasso-Vorstellung (später Goiginger-Stellung genannt) war für die Versorgungs-Träger schwer zu erreichen, und oft war die Zahl an Toten unter den Trägern zahlreicher als die der Fronttruppen.[190]
Ein Soldat an der Frontlinie benötigte etwa 70 kg Nachschub pro Tag. Nahrungsmittel, Wasser, Munition, Brennholz, Bauholz, Stacheldraht, Werkzeuge; So kamen am Sasso 13 Tonnen pro Tag zusammen! Da der Bedarf an Brennholz pro Mann und Tag auf 3 kg angesetzt wurde, musste die Vonbank-Stellung beispielsweise mit 2000 m3 Holz versorgt werden. Eine Drahtseilbahn unterstützte seit dem 27. Januar dieses Jahres die Träger. Sie führte von Valparola hinauf zur Nestwache (Sasso Mitte),[191] und erleichterte auch die Evakuierung verwundeter Soldaten auf den Hochstellungen. Für die während des Transports verstorbenen Soldaten wurde ein Friedhof bei der Talstation eingerichtet.[192] Eine weitere Seilbahn verband Valparola mit Armentarola.

---

[188] Vgl. Illing und Brandauer 2008, S. 30

[189] Vgl. Dolomiti, „Tre Sassi“

[190] Vgl. Illing und Brandauer 2008, S. 36

[191] Vgl. Illing und Brandauer 2008, S. 22

[192] Vgl. Illing und Brandauer 2008, S. 34

Trotz der Laufgräben und Stollen verhinderten heftige Kämpfe oft den Nachschub zu den abgeschiedenen Stellungen,[193] wo Wachposten, mit Fernrohren ausgestattet, ihren Beobachtungsdienst verrichteten. Meist war es eine Patrouille, bestehend aus acht Mann. Auf dem Gipfel des Sasso hingegen war ein permanenter Beobachtungsposten mit zwei Mann eingerichtet, wo die Ablösung alle 12 Stunden, um sieben Uhr morgens und um sieben Uhr abends, stattfand. In manchen Stellungen erfolgte die Ablösung alle vier oder acht Stunden. Bei schlechtem Wetter wurden jedoch kürzere Zeitspannen genehmigt. Auf Gebhards Nachbarberg, dem Col di Lana, wurden die Wachposten bei besonders schlechtem Wetter beispielsweise jede halbe Stunde abgelöst. Bei einem gegnerischen Angriff hatten diese Wachposten umgehend Alarm zu schlagen und die Stellung zu verteidigen. Bei einem Angriff eines zahlenmäßig weit überlegenen Gegners wurde ein Rückzug gestattet. Strengstens verboten war hingegen während der Wache ein Feuer anzuzünden oder ein Zelt aufzustellen. Die Zeltplanen durften zwar als Regenschutz verwendet werden, der Kopf durfte dabei aber nicht bedeckt werden, um den Ausblick nicht zu verringern. Das Rauchen bedurfte einer ausdrücklichen Genehmigung des Kommandanten. Das Gewehr musste stets geladen in der Hand gehalten, und die vorschriftsmäßige Ausrüstung getragen werden.[194]

Die Italienische Armee verfügte über wenige Alpenjäger. Viele Soldaten kamen aus der Ebene oder dem Süden, litten unter der Kälte und fanden sich im Hochgebirge nur schwer zurecht. Auch fehlte es ihnen oft an Motivation, denn sie verstanden nicht, welchen Sinn es habe "blanke Felsen" zu erobern. Die Kommandeure nützten die Unwissenheit der Soldaten,

---

[193] Vgl. Illing und Brandauer 2008, S. 22

[194] Vgl. Illing und Brandauer 2008, S. 24

schließlich konnten 90 % weder schreiben noch lesen! Auf österreichischer Seite hingegen waren es 90 % die schreiben und lesen konnten.[195] Bei Gebhards Kampfgebiet sah dies jedoch anders aus! Am Col di Lana befehligte nämlich der Apinigeneral Rossi die besten Regimenter der italienischen Elitetruppe. Rossi war ein Nachkomme des italienischen Freiheitshelden Garibaldi, und er hatte es sich fest in den Kopf gesetzt, über den Col di Lana in das Gadertal und von dort weiter in das Pustertal vorzustürmen. Dieser Gedanke war kühn und führte zu blutigen Kämpfen. Nicht weniger als 106 mal wurde der Gipfel des Col di Lana gestürmt! Alle Angriffe wurden unter großen Verlusten abgewiesen.[196]
Seit Dezember des letzten Jahres begannen die Italiener daher mit den Arbeiten an einem Stollen. Er sollte bis unter den Gipfel des Col di Lana führen und dort gesprengt werden. Um Bohrgeräusche zu vermeiden wurde auf Maschinen verzichtet. Nur immer zwei Mann schufteten sich im engen Stollen mit Handbohrmaschinen, Meißel und Schlegel vorwärts.
Mitte März wurden die Bohrgeräusche immer deutlicher. Tag und Nacht hörte die Besatzung auf dem Gipfel unter sich das Bohren und die Sprengschüsse. Eine qualvolle, nervenzermürbende Zeit begann. Zwar begannen die Österreicher aus einer Gipfelkaverne heraus mit den Arbeiten an einem Gegenstollen. Doch am 12. April 1916 war der italienische Stollen fertig. Seine Länge betrug 52 Meter, mit allen Abzweigungen sogar 105 Meter.[197]

Während Mitte April in Gebhards Heimat reinstes Aprilwetter herrschte - Regen, Sonnenschein, Blitz und Donner, alles innert einer viertel Stunde, und am Nachmittag sogar starker

---

[195] Vgl. Cortina Museo Guerra, 2013

[196] Vgl. Nußstein 1997, S. 43

[197] Vgl. Gebirgskrieg, 2013

Schneefall[198] - überschlugen sich bei Gebhard die Ereignisse: Seit drei Tagen wurde der Gipfel des Col di Lana von den italienisch besetzten Bergen aus mit 140 Geschützen pausenlos beschossen. Seither waren keine Bohrgeräusche mehr zu hören, und das Laden einer Mine - so schätzten die Österreicher - würde gut 48 Stunden dauern. Obwohl die Kaiserjäger der 6. Kompanie wussten, dass unter ihnen jederzeit der Berg explodieren konnte, kam von der Division der Befehl: "*Der Col di Lana ist unter allen Umständen zu halten!*" Während dessen lagerte zehn Meter unter den Soldaten eine Riesenmenge an Sprengstoff.[199]
Dann, am 17. April 1916 um halb acht in der Früh, dürfte Gebhard durch einen lauten Schuss aus schwerem Rohr aufgeschreckt worden sein. Auf dem Nachbar-Berg Col di Lana tobte heftiger Kampf. Artilleriefeuer, Granaten und Schrapnels waren zu hören. Letzteres war ein höllisches Geschoss des englischen Erfinders Henry Schrapnel. Diese hatten eine Hülle aus Gusseisen, waren mit Bleikugeln gefüllt und explodierten noch in der Luft. Die Bleikugeln verteilten sich so in einem Umkreis von 200 Metern mit schrecklicher Gewalt.[200]

Oberleutnant Elked von der 3. Kompanie war zu diesem Zeitpunkt auf Col di Rode (Col de la Roda) stationiert. Dieser Stützpunkt war noch etwas näher zum Col di Lana gelegen als der Sasso und sollte Gebhards spätere neue Gefechtsstellung werden. Elked schrieb:
„Um 2 h nachmittag kam aus Corvara chiffriert die Meldung, dass erhöhte Gefechtsbereitschaft angeordnet wurde u. dies musste persönlich der Kampftruppe mitgeteilt werden -

---

[198] Vgl. Vorarlberger Volksblatt, 16. April 1916, S. 6

[199] Vgl. Gebirgskrieg, 2013

[200] Vgl. Wachtler und Obwegs 2003, S. 135-136

Telephon vermeiden! - Sofort bin ich (...) auf die Feldwache 4 hinausgegangen (...) und inspizierte die Stellung als schon um 2h 40 der Gegner begann, sich auf die FW 4, auf 3-4- u. 3 einzuschiessen, (...) Die Mannschaft hatte in den Unterständen (...) gute Sicherung, doch war 1 Mann der trotz dem rasenden Schiessen sich nichts nehmen liess und Posten stand. - Ja war der Mann verrückt, direkt sich blosszustellen. (...) Allein in unsere unmittelbare Nähe sind 120-140 Geschosse gekommen u. dem Jäger geschah nichts. Sonderbar. - Wie ich vernahm, hat er absichtlich was haben wollen. Am liebsten wäre ihm gewesen, dass er zu Grunde gegangen wäre - weil er etwas von der Untreue seiner Frau vernahm!
(...) ich wollte mich niederlegen und sagte auch dem Vastl (Elkeds Bursche), ich werde mich heute nicht ausziehen, da ich der ganzen Geschichte nicht traue.“[201]
Er vermutete richtig, denn die ganz große Katastrophe ereignete sich kurz vor Mitternacht: Die Uhr zeigte 22.30 Uhr, da meldete ein Unteroffizier aus dem Kampfgraben durch Zuruf: "*Die Italiener kriechen vor!*" Die Telefonverbindung zwischen Col di Lana und Bataillonsstab war wieder zu Stande gekommen und Tschurtschenthaler meldete: "*Die Sache wird ernst, es bereitet sich etwas vor!*" Seine Soldaten hatten die Gräben besetzt, als auf einmal zahlreiche italienische Scheinwerfer aufblendeten. Der Oberleutnant ließ die Hälfte seiner Kompanie in die Kaverne zurückgehen. Zwei Züge blieben in der Stellung.
Der italienische Leutnant Caetani bediente nun den Taster des Sprengapparates,[202] da fing der Berg an zu zittern, bis unter lautem Krachen und Poltern der Berg in sich zusammen zu stürzen schien. Dazu das Getöse von einschlagenden Detonationen und das erneute Wiedereinsetzen des feindlichen Trommelfeuers. Durch die Luft katapultierte Soldaten lagen

---

[201] Striffler 1996, S. 235-237

[202] Vgl. Gebirgskrieg, 2013

schwer verwundet auf dem Boden.[203] Der insgesamt 5020 kg Sprengsatz ließ einen 35 Meter langen Krater mit 25 Meter Breite und 12 Meter Tiefe entstehen.[204]
Die italienischen Sturmtruppen waren inzwischen aus einem Zweigstollen herausgestürmt und überrannten die österreichischen Posten, die von der Sprengung verschont geblieben waren. Durch schmale Schlitze zwischen den Felsbrocken, die die österreichische Kaverne verschüttet hatten, schossen italienische Alpinis mit ihren Gewehren, bis die Eingeschlossenen kapitulierten.[205]
Elked auf Col di Rode schrieb weiters: *„Auf einmal waren alle 3 Scheinwerfer auf den Sief gerichtet, um dadurch die Aussicht auf Col di Lana zu stören u. es fing ein Trommelfeuer an, wie ich noch nie sah! Wie ein (unleserlich) Licht war der Raum zwischen den zwei Gipfeln Col die Lana u. Sief, - ein Aufleuchten, Blitzen, Funkenschlagen und an den Polen (...) die zwei scheinbelichteten Schneekolosse Col di Lana-Sief. - All dies spielte sich in einem Zeitraum von kaum 1 Minute (ab), als ich - zuerst mich sammelnd - brüllte, umhängen u. hinaus.*
Ich (...) eilte hinauf, als Unterjäger Hörtnagel mit einer brennenden Zugslaterne mir entgegen raste u. meldete, die Mannschaft sei bereits „umgehängt" u. der Stabsoberjäger erwarte weitere Befehle - „Hinauf in die Tschankaverne - ich gehe hin." - Wie der Teufel rannte er u. war schon weg. - Aufgeregt im vollem Lauf rannte ich hinauf u. meldete (telefonisch) schnell dem Baonskommando, ich nehme die Mannschaft mit auf die Feldwache (4). - Oben bei der Kaverne angekommen haben mich meine Herren eingeholt. - (...) Nun waren auch die Leute oben u. ich rannte selber an der Spitze

---

[203] Vgl. Wachtler und Obwegs 2003, S. 135-136

[204] Vgl. Dolomitenfreunde, 2013

[205] Vgl. Gebirgskrieg, 2013

der Kompagnie (...) - Viele Arbeiter waren in der Stellung, denen ich befahl sich an die Wände der Gräben zu drücken. - So kamen wir flotter vorwärts. - Über den Oberleutnant Dr. Braun (Landsturm) ärgerte ich mich sehr, da er im Gefechte anfing zu schulmeistern. - Aber ideal war seine Ausrüstung. - Es war doch nachts u. er hatte Schneemantel, Schneekappe, Karabiner, Revolver, Feldstecher, Stock, Bajonett u. zu guter Letzt noch den guten alten Friedens „Säbel". Ich schmiss ihn einfach auf die Seite. (...)[206]

Diese wohl berühmteste Mine forderte die höchste Zahl der Minenopfer auf österreichischer Seite.[207] Etwa 200 Österreicher waren der Sprengung, dem nachfolgenden Kampf und dem Artilleriefeuer zum Opfer gefallen. Der Rest der Kompanie kam in Gefangenschaft![208]
Eine unglaubliche Geschichte machte bestimmt auch in Gebhards Reihen die Runde: Die Sprengung hatte einen österreichischen Soldaten angeblich hoch empor geworfen und bis in die Siefschlucht katapultiert, wo er im metertiefen Schnee zu liegen kam. Schwer verletzt kroch er zwei Tage lang bis zu einer österreichischen Kampfstellung. Er konnte jedoch nichts berichten. Der Schock hatte ihm die Sprache geraubt.[209]
Ein weiteres Vordringen der Italiener konnte durch die österreichischen Truppen verhindert werden.[210] Nicht zuletzt half den Österreichern die Tragödie, dass einige abgesprengte Felsbrocken in die italienischen Stellungen rollten, in denen

---

[206] Striffler 1996, S. 237

[207] Vgl. Dolomitenfreunde, 2013

[208] Vgl. Gebirgskrieg, 2013

[209] Vgl. Gebirgskrieg, 2013

[210] Vgl. Wachtler und Obwegs 2003, S. 201

die bereitgestellten Angriffstruppen dicht gestaffelt warteten.[211] Dies waren die Tage, an denen Gebhard Zeuge der grausamen Kämpfe am Col di Lana wurde. Insgesamt 18.000 Tote oder Verwundete österreichische und italienische Soldaten forderte dieser Berg mit dem Beinamen „Blutberg".[212]
Die Bahrenträger waren im Dauereinsatz. Jede Gebirgskompanie hatte acht Bahrenträger, die mit zwei Tragbahren, zwei Laternen, acht mit Wasser gefüllten Feldflaschen, Verbandmull und anderes Erste-Hilfe-Material ausgerüstet waren. Auch Gebhard trug, wie jeder andere Soldat auch, ein solches Erste-Hilfe-Paket mit einer Binde, zwei Päckchen mit in Desinfektionsmittel getränktem Verbandmull und einer Sicherheitsnadel bei sich.[213] Oft war es aber nicht möglich Gefallene in das Tal zu bergen ohne nicht weitere Soldaten zu gefährden. So blieben oft hunderte von Toten liegen, deren Verwesungsgestank je nach Windrichtung den Truppen schwer zu schaffen machte.[214]

Im Mai war Gebhard noch immer bei der Sperre Tre Sassi stationiert[215], wo mehrere italienische Angriffe abgewehrt werden mussten.[216] Von nun an, und gerade in den Sommermonaten, standen an Vor- und Nachmittage Angriffe an der Tagesordnung.[217]

---

[211] Vgl. Striffler 1996, S. 239

[212] Vgl. Wachtler und Obwegs 2003, S. 135-136

[213] Vgl. Illing und Brandauer 2008, S. 22

[214] Vgl. Nettelbeck 1979, S. 46

[215] Vgl. Archive, April 2013

[216] Vgl. Stahlgewitter 1914-1918 B, 2013

[217] Vgl. Illing und Brandauer 2008, S. 30

Ein Angriff der österreichischen Truppen betraf am 6. Mai direkt Gebhards 2. Kompanie. An diesem Tag sollte eine Angriffsaktion gegen den nun von Italienern besetzte Col di Lana-Gipfel stattfinden. Um den Italienern einen Angriff aus dem Valparola-Abschnitt vorzutäuschen, wurden drei Patrouillen aus der Edelweiss- und eine aus der Vonbank-Stellung entsendet.
Die ersten drei Patrouillen wurden von Gebhards 2. Landsturmkompanie des III Bataillons gebildet, und starteten aus der Edelweiss-Stellung heraus Richtung Col di Lana.

Vielleicht befand sich Gebhard in der 1. Patrouille, zusammen mit einem Offizier und 30 Kameraden, welche die Aufgabe hatten, den Stützpunkt nördlich 2068 (Richtung Andrazwald) zu überfallen und auszuheben.
Oder er war einer von zehn Mann mit einem Unteroffizier der 2. Patrouille, welche in der Richtung über 1944 (ebenfalls Richtung Andrazwald) vorzugehen hatte und dabei die linke Flanke der Patrouille 1 zu sichern.
Möglich aber auch, dass er der 3. Patrouille angehörte und entlang des Sasso-Rückens vorrücken musste, um dort die italienische Feldwache zu alarmieren.
Um 22:00 Uhr gingen die Patrouillen ab, wobei die 1. Patrouille *„sehr bald entdeckt und durch Gewehrfeuer vertrieben wurde. Patrouille 2 und 3 konnten ihre Aufgaben durchführen.“* [218]

Auch im Juli war Gebhard einer von 150 Mann des Landsturm-Bataillons III, die sich im Subsektor Valparola (u.a. Tre Sassi) befanden. Die andere Hälfte dieses Bataillons stationierte im Subsektor Tofana. Zusammen mit dem ebenfalls 150 Mann starken Landsturmbataillon 167 bildete Gebhards Einheit die Reserve. Insgesamt waren in diesem

---

[218] Vgl. Schemfil 1926, S. 322-323

Gebiet Tofana, Lagazuoi und Valparola etwa 2.150 österreichisch-ungarische Soldaten, denen etwa 4.000 italienische Angreifer gegenüber standen.[219]
In diesem Monat war die Gefahr einer Ausbreitung des Gegners in der Lagazuoi-Wand noch drohender geworden. So entschlossen sich die Österreicher zur Aufnahme des Minenkampfes. Noch im selben Monat wurde der Bau des ersten Stollens begonnen. Gegenmaßnahmen der Italiener, die mit ihren besseren Mitteln bedeutend rascher vorwärts kamen, zwangen jedoch vorerst zu abwartendem Verhalten. Der Gegner rückte unterdessen in der Felswand zwischen der eigenen und der österreichischen Stellung mit zwei Stollen vor.[220]
Nachts konnte Gebhard die Lagazuoi-Wand hell erstrahlt erblicken, da sie vom Sasso aus mit großen Scheinwerfern beleuchtet wurde, um die italienischen Attacken auf der Cengia Martini kontrollieren zu können.[221]

Der 1. August ist nun das letzte Datum, das in den Recherchen in Verbindung mit Gebhards Einheit (Gruppe Pasetti, Landsturmbataillon III) und dem Gebiet bei Valparola (Tre Sassi, Sasso di Stria) auftaucht.[222] Zu einem späteren Zeitpunkt kam Gebhard laut seinem Kriegschronik-Bild zum Col di Rode. Dieser Berg - eher ein Hügel - war noch etwas näher dem Col di Lana oberhalb von Corte[223] gelegen, aber trotzdem unweit von Tre Sassi und dem Sasso entfernt. Geografisch betrachtet war diese Verlegung für Gebhard somit

---

[219] Vgl. Fronte Dolomitico B, 2013

[220] Vgl. Langes 1972, S. 140

[221] Vgl. Dolomiti B, 2013

[222] Vgl. Archive, April 2013

[223] Vgl. Wachtler Michael, 2011

ein „Katzensprung". Daher fällt die Tatsache kein genaues Datum des Ortswechsels vorliegen zu haben auch nicht sonderlich ins Gewicht, denn der Einsatzraum blieb für Gebhard im Großen und Ganzen derselbe. Doch offenbar empfand Gebhard diesen Wechsel doch stark genug, um ihn in seinem Kriegschronik-Bild als neuen Einsatzort erwähnen zu lassen.
Der Stützpunkt am Col di Rode bestand aus sechs Feldwachen. Das Terrain beschrieb Herr Striffler in seinem Buch *„Der Minenkrieg in Ladinien, Col di Lana 1915-1916" folgendermaßen: „Von Feldwache 2 mäßig abfallender offener Hang, unterer Teil mit gefällten Baumstämmen bedeckt, vom Beobachtungsstand bis Feldwache 3 steile Schutthalde, südl Fw. 3 und 4 Felsabsturz, östl. Fw. 4 breite flache Geröllhalde, südlich Fw. 5 und 6 Felsabstürze."* Die Feldwachen 2, 5 und 6 konnten vom Feind eingesehen werden und wurden durch Artilleriefeuer beschossen. Daher mussten diese Beobachtungsposten ständige Besatzung haben. Ebenso die Feldwache 4, da dort der Feind sehr nahe war. Gebhard war vermutlich erneut in der Reserve eingeteilt. Diese befanden sich im Lager Col di Rode und konnten durch die Laufgräben zur Feldwache 2, 3 und 4 rechtzeitig herangezogen werden. Unter Tags war die Besetzung von Mannschaften in den Stützpunkten II, III und IV wegen feindlicher Einsicht und hauptsächlich wegen Artilleriefeuer nicht ausführbar. Nur Beobachtungsposten mit guten Unterständen waren möglich. Die bei „Lasta" stehenden Reserven konnten innerhalb 10 Minuten durch die Laufgräben rechtzeitig die Stellungen der Stützpunkte erreichen.[224]
Selbst wenn Gebhard bereits im September am Col di Rode gewesen sein sollte, so konnte er auch von dort die

---

[224] Vgl. Striffler 1996, S. 140

Minenexplosionen der Österreicher, sowie der Italiener am Lagazuoi hören, die bis in den Herbst 1917 weitergingen![225]

Am 22. Oktober wurde in Gebhards Heimatstadt Feldkirch der erste Nagel in das Schild geschlagen. Es handelte sich dabei um ein Wehrschild, das in der Marktgasse aufgestellt war und sich heute im Ratssaal befindet. Jeder eingeschlagene Nagel diente zur finanziellen Unterstützung der Hinterbliebenen der Gefallenen.[226]
Ein Monat später, am 21. November, verstarb Kaiser Franz Josef I.[227] Am nächsten Tag war die Bevölkerung der Stadt *„tiefbewegt (...), als am Mittwoch, den 22. November, mittags von 12 bis 1 Uhr das feierliche Schiedungsgeläute den Tod unseres geliebten Landesvaters, des Kaisers, verkündete.*“ [228]

Der frühe und starke Wintereinbruch in diesem Monat sorgte dafür, dass fast die gesamte Kampfhandlung im Schnee stecken blieb.[229] Mancher Orts in den Dolomiten betrug die Schneehöhe 18 Meter, und es mussten ganze Tunnels gegraben werden! [230] Doch neben einer allgemeinen Ruhe an der Front waren ausserordentlich starke, todbringende Lawinen die Folge. Sowohl bei den österreichischen als auch bei den italienischen Truppen stieg die Zahl an Verlusten. Unterstände wurden oft auf Grund von Unerfahrenheit in lawinengefährlichem Gelände angelegt. Aber auch absichtliches Beschießen von Hängen, um mit den dadurch

---

[225] Vgl. Grestenberger 2000, S. 117-118

[226] Vgl. Volaucnik, 1998, S. 48

[227] Vgl. Vorarlberger Volksblatt, 23. November 1916, S. 1

[228] Vgl. Vorarlberger Volksblatt, 1. Dezember 1916, S. 2

[229] Vgl. Wachtler und Obwegs 2003, S. 201

[230] Vgl. Cortina Museo Guerra, 2013

ausgelösten Lawinen gegnerische Trägerkolonnen oder Ablösungen beim Durchqueren von Lawinenstrichen zu bekämpfen, war eine gefürchtete Kampftaktik.[231] An vielen Hochstellungen machte der Schnee und die eisige Kälte von 40 Grad minus den Soldaten mehr zu schaffen als der Gegner. Alle Schutzmittel versagten, und auch die Schusswaffen wurden durch die Kälte unbrauchbar.[232] Trotzdem wurde der Dienst in den Stellungen am Sasso trotz eisiger Kälte, Schnee und ständiger Lawinengefahr nicht unterbrochen.[233]

Die Kälte und Feuchte machte vielen der Soldaten mit den Jahren zu schaffen und nicht wenige bekamen dadurch Rheuma, Gicht und Gelenkschmerzen. Dieses Schicksal sollte auch Gebhard nicht erspart bleiben.

Ein Bericht eines Baon-Chefarztes des 3. Tiroler Kaiserjägerregimentes vom September 1916 liefert einen Einblick. Darin heißt es: *„Der Gesundheitszustand des Baons ist im allgemeinen schlecht. Die Ursachen sind zu suchen an*

1. *Die schlechten Witterungsverhältnissen*
2. *Der Mangel an Unterständen*
3. *Der anstrengende Dienst*
4. *Die unregelmässige Mahlzeiten*

Seit drei Wochen ist die Mannschaft ununterbrochen im Regen und Schnee ohne Unterstände. Die Mannschaft, welche die ganze Nacht einen äusserst anstrengenden Dienst hat, muss ihre knapp bemessene Ruhezeit in der Freie oder in nassen dunklen Kavernen verbringen, wo sie sich in nassen Zustande in etlichen Stunden nicht ausruhen kann.

Den ganzen Tag hindurch von 5h vorm bis 10h abends bekommt der Mann nicht einen Tropfen eines warmen Getränkes. Obzwar das II. Paar Schuhe ausgeteilt sit, haben

---

[231] Vgl. Nettelbeck 1979, S. 27

[232] Vgl. Nettelbeck 1979, S. 22-23

[233] Vgl. Illing und Brandauer 2008, S. 32

die Leute keine Gelegenheit für Fusspflege und die gewechselten Schuhe zu trocknen. Die Fusserfrierungen nehmen an Zahl immer mehr zu. Nicht nur die Recidiven (Rückfall einer Krankheit) von voriges Jahr, sondern auch neue treten auf. Die Verkühlungskrankheiten nehmen auch von Tag zu Tag an Zahl immer zu. (...) Wegen Mangel an Gelegenheit zur Reinigen sind die einfachen hygienischen Forderungen kaum einzuhalten.
Die physische Kraft der überanstrengten, sich nicht ausruhenden Mannschafte nimmt von Tag zu Tag ab, sodass in kürzester Zeit der physische Zustand der Mannschaft ein derartiger sein wird, dass man nicht einmal die einfachsten Anforderungen entsprechen wird können."[234]

Neben den Schneemassen sorgte dann auch die Weihnachtszeit für ruhigere Tage an der Front.[235] Zu Weihnachten, sowie auch an Ostern galt nämlich in diesem Krieg das ungeschriebene Gesetz, keine Kampfhandlungen stattfinden zu lassen. Es gab zwar mancherorts vereinzelt Kommandanten, die gerade diese Zeit für Überraschungsangriffe nutzten, doch verloren sie mit solchen Manövern oftmals die Achtung ihrer Soldaten. Nicht selten kam es nämlich regelrecht zu Verbrüderungsszenen mit dem Feind, obwohl darauf die Todesstrafe drohte. Angeblich wurden ganze Bäume gemeinsam gefällt und anschließend gerecht aufgeteilt um für den restlichen Winter genügend Brennholz zu haben.[236] An manchen Fronten lagen die österreichischen und feindlichen Schützengräben nur wenige Meter voneinander entfernt. Dort wurde Brot, Zigaretten, Tabak oder Obst ausgetauscht, und es kam durchaus vor, dass die Feinde einander aus der Vorkriegszeit kannten. Sie hassten

---

[234] Vgl. Illing und Brandauer 2008, S. 34

[235] Vgl. Vorarlberger Volksblatt, 31. Dezember 1915, S. 4

[236] Vgl. Wachtler, Giacomel,Obwegs 2004, S. 18

einander nicht, sondern wussten, dass sie gemeinsam Opfer einer Tragödie waren. Die Soldaten von Ampezzo, die während ihres Urlaubes nicht nach Hause konnten, baten sogar die ins Tal gelangenden Gegner ihren Familien Nachrichten zu überbringen![237] Paradoxerweise wurden nur wenige Tage später die Kämpfe wieder unerbittlich weitergeführt.[238]
In diesen Tagen saß Gebhard vermutlich an einem Lichterbäumchen in der Mannschaftsunterkunft. Oft waren es ungewohnt fröhliche Abende mit Ziehharmonika, Violine oder Trompete um miteinander zu musizieren und zu singen.[239] Für Gebhard war es sein erstes Weihnachten direkt an der Front, und bestimmt gehörten seine Gedanke seiner Frau und seinen Kindern. Seine Söhne und Töchter waren noch Kinder und gingen somit noch in die Schule.

Viele Jugendliche in Vorarlberg die ihren Abschluss an der Volksschule hinter sich hatten, aber noch vor dem Eintritt ins Heer standen, waren praktisch auf sich allein gestellt. Denn ihre Väter standen im Krieg und die Mütter bestritten den Lebensunterhalt für die Familie allein. Vermehrte Einbruchsdelikte, Raubüberfälle oder Randalismus jugendlicher Banden waren die Folge, worauf im April dieses Jahres die Behörden mit neuen Gesetzen reagierten. *„Tabakrauchen in jeder Form durch Jugendliche unter 17 Jahren“* wurde strikt untersagt. Gesetzesübertretungen wurden mit einer Geldstrafe von bis zu 200 Kronen oder einer Kerkerstrafe von 14 Tagen bestraft. Später wurden sogar nächtliche Ausgangssperren für alle Kinder unter 12 Jahren verhängt, und nach 21 Uhr durften Jugendliche Gasthäuser nicht mehr betreten. Manche Gastwirte, die um ihre

---

[237] Vgl. Cortina Museo Guerra, 2013

[238] Vgl. Wachtler, Giacomel,Obwegs 2004, S. 18

[239] Vgl. Cortina Museo Guerra, 2013

Einnahmen fürchteten, gewährten dennoch den Jugendlichen den Konsum von Alkohol und Zigaretten. Sie überließen jungen Liebespaaren einen Unterschlupf, was als besonders verwerflich angesehen wurde.[240]

Zwei Tage nach Heiligabend verstarb bei Tre Sassi der Landsturm-Jäger Fend Josef. Vielleicht wusste Gebhard um wen es sich dabei handelte, es war ein Vorarlberger aus Götzis.[241] Der Großteil der Verstorbenen kam nicht, wie vermutet werden könnte, bei Kämpfen ums Leben, sondern verstarb durch erlittene Verletzungen, Erfrierungen, Lawinen oder durch Erleiden von Krankheiten in den Schützengräben und Höhlen![242] Unter den Vorarlberger Landstürmern beispielsweise waren in diesem Jahr 24 Verluste zu beklagen, und allein 18 von ihnen verstarben an einer Krankheit. Die Übrigen vielen einer Verwundung, einem Lawinenabgang oder einem anderen Unglück zum Opfer. Von diesen 24 verstorbenen Vorarlberger Landstürmer hatten 14 ihren Einsatzort im Gebiet der Dolomiten.[243]

---

[240] Vgl. Wanner 1989, S. 180-181

[241] Vgl. Denkmalprojekt, 2013

[242] Vgl. Cortina Museo Guerra, 2013

[243] Vgl. Binder 1959, S. 57

1917, Ein neues Jahr

Auch im neuen Jahr dominierten die Schneemassen das Geschehen. An Stellen, wo seit Menschengedenken keine Lawinen abgegangen waren, geschahen in diesem Winter große Unglücke.[244]

Am 8. Jänner bekam Gebhard die Bronzene Tapferkeitsmedaille verliehen. Wann er diese jedoch verdiente, wurde auf dem Dokument damals leider nicht angegeben. Verliehen bekam er sie von der Truppendivision Pustertal, und er gehörte noch immer dem Landsturm Infanterie Bataillon III, 2. Kompanie an.[245] Wenn man den von Gebhard ausgefüllten Fragebogen richtig interpretiert, hätte er diese Medaille am „Sasa Rosa" verdient.[246] Ein Berg mit diesem Namen tauchte allerdings während den Recherchen nicht auf.[247]

Die Italiener kamen mit ihren Bohrungen am Lagazuoi mittlerweile sehr nahe an die österreichischen Stellungen heran.[248] Der feindliche Stollen wurde jedoch am 14. Jänner mit 16 Tonnen[249] Sprengstoff frühzeitig zerstört, und riss gleichzeitig eine bereits geladene italienische Minenkammer mit sich.[250] Die alles entscheidende Sprengung der Österreicher an der Lagazuoi-Wand geschah jedoch am 22.

---

[244] Vgl. Nettelbeck 1979, S. 33

[245] Vgl. Verleihungs-Antrag 1 - Österreichisches Staatsarchiv

[246] Vgl. Antrag für Militärentlassungsschein, 1939

[247] Vgl. Fragebogen Wehrevidenzstelle Linz, 1939

[248] Vgl. Langes 1972, S. 140

[249] Vgl. Cortina Museo Guerra, 2013

[250] Vgl. Langes 1972, S. 140

Mai. Die mit 30.400 kg Sprengstoff geladene Mine sprengte eine Wand in der Länge von 200 Metern und einer Breite von 136 Metern und geschätzten 200.000 Kubikmetern Felsmassen in die Luft.[251] Die komplette italienische Stellungsanlage, die in mühevoller und verlustreicher Arbeit in eineinhalb Jahren in den Felsen des Lagazuoi-Bandes gebaut wurde, war mit einem Schlag vernichtet. Der Großteil der italienischen Besatzung ließ bei dieser Sprengung ihr Leben. Noch Wochen später stürzten immer wieder gewaltige Steinmassen ab und brachten Stellungsmaterial und Leichenteile zu Tal. Trotzdem wurde der Minenkampf auf dem Lagazuoi von beiden Seiten fortgesetzt.[252] Diese Wunden sind heute noch am Berg deutlich sichtbar![253]
Ausser solchen teils gewaltigen Minenexplosionen gab es in diesem Jahr kaum bedeutende Kämpfe. Auch Flugzeuge störten nie ernsthaft die Dolomitenfront mit Bombardierungen.[254] Es gilt als eher unwahrscheinlich, dass Gebhard überhaupt Flugzeuge in den Dolomiten sah. Zu Kriegsbeginn waren auf österreichischer Seite lediglich zwei Fliegerkompanien zu je vier Flugzeugen stationiert. Dies waren hauptsächlich Etrich-Taube-Flugzeuge. Obwohl die Autos in dieser Zeit noch kaum schneller als 30 Stundenkilometer fuhren, entwickelte jeder der Krieg führenden Nationen Flugzeuge. Diese flogen mit bereits 200 Stundenkilometer und waren in der Lage mehr als drei Stunden in der Luft zu bleiben. Anfangs stand die Flugaufklärung mit Fotoapparat im Vordergrund um gegnerische Stellungen zu überfliegen und Truppenbewegungen zu erkennen. Erst später wurde das

---

[251] Vgl. Grestenberger 2000, S.117

[252] Vgl. Langes 1972, S. 142-143

[253] Vgl. Grestenberger 2000, S.117

[254] Vgl. Cortina Museo Guerra, 2013

Flugzeug mit Maschinengewehren ausgestattet, wobei dieses anfangs noch vom Piloten selbst bedient werden musste. Für Zweisitzer war die Leistungskraft der Motoren nämlich noch nicht ausreichend. Und da technische Gebrechen häufig vorkamen, waren die Einsätze der Piloten gleichzusetzen mit Himmelfahrtskommandos.[255]

Während mittlerweile die Vereinigten Staaten von Amerika dem Krieg beitraten,[256] gehörte Gebhard im Mai mit seiner Landsturm-Einheit der 21. Gebirgsbrigade an, welche der 96. Infanterie Brigade unterstellt war.[257] Wenige Tage später erhielt er am 30. Mai das Karl-Truppenkreuz.[258] Das Vorarlberg Volksblatt schrieb: *„Bregenz 12. Juni. (Ausgabe Karl Truppenkreuz.) Ab 1. Juni wurde mit der Ausgabe der Karl-Truppenkreuze, zuerst an die Anspruchsberechtigten bei der Armee im Felde, und sodann an jene des Hinterlandes begonnen. Das Anlegen des Karl-Truppenkreuzes, sowie des Bandstreifens hiezu ist nur den mit dem Karl-Truppenkreuz bereits dienstlich beteilten Personen gestattet.“*[259]

Metalle wie Eisen, Kupfer und Blei wurden im Laufe des Krieges immer knapper. So mussten die Einwohner oftmals Kupferkessel für Kriegszwecke abliefern, oder Kirchenglocken wurden abgenommen.[260] Am 30. Juli betraf dies auch Gebhards Heimatdorf Nofels, das die zwei kleinen Kirchenglocken dem Staat abgeben musste. Später, am 17.

---

[255] Vgl. Wachtler und Obwegs 2003, S. 138

[256] Vgl. Cortina Museo Guerra, 2013

[257] Vgl. Austrianphilately, 2013

[258] Vgl. Heeresarchiv Wien, 1940 und Verleihungs-Antrag 2 - Österreichisches Staatsarchiv

[259] Vorarlberger Volksblatt, 13. Juni 1917, S. 2

[260] Vgl. Wachtler und Obwegs 2003, S. 117

September dieses Jahres, erhielt das Dorf von der Pfarrei Ruggell in Liechtenstein ein kleines Glöckchen von 50 Kilogramm geliehen, welches erst im Herbst 1926 wieder zurückgegeben wurde.[261] Nicht besser sollte es auch der Glocke des so genannten Katzenturms in Gebhards Heimatstadt Feldkirch ergehen. Die 152 Zentner schwere, und mit fast zweieinhalb Meter Durchmesser große Glocke hätte eingeschmolzen werden sollen um daraus Kanonen und Maschinengewehre zu machen. Dies war eigentlich bereits beschlossene Sache, trotz vieler Rettungsversuche. Doch Bischof Dr. Sigismund Waitz, der wegen seiner Südtiroler Aussprache des „Euer Bischof" von der Bevölkerung der „Eierbischof" genannt wurde, setzte sich beim österreichischen Kaiserhaus in Wien doch noch mit Erfolg für den Erhalt der Glocke ein.[262]

Auch in den Sommermonaten wurde Gebhard zumindest Ohrenzeuge der weitergeführten Minenkämpfe am Lagazuoi. So zum Beispiel am 20. Juni, als die Italiener nach fünfmonatiger Arbeit einen 1.110 Meter langen, steilen Stollen mit 33 Tonnen Sprengstoff zündeten und damit eine österreichische Stellung auf der Lagazuoi-Vorkuppe in die Luft sprengten.[263] Doch auch mit dieser Sprengung konnte kein entscheidender Sieg errungen werden.[264]
Die Monate im Feld, das Liegen in dreckigen Decken, Strohsäcken und schmutziger Kleidung bescherte bestimmt auch Gebhard die Plage der Läuse. Bei manchen Kameraden bildeten die Läuse sogar einen durchgehenden graubraunen Belag auf der Haut. Die Kleiderläuse übertrugen das

---

[261] Vgl. Fiel 1987, S. 127

[262] Vgl. Vallaster, 2000, S. 44-45

[263] Vgl. Langes 1972, S. 143

[264] Vgl. Cortina Museo Guerra, 2013

gefährliche Fleckfieber. Mit Desinfektions- und Entlausungsstationen sowie durch das Abrasieren aller Körperhaare wurde versucht, diesem Übel Abhilfe zu schaffen.[265]

Abbildung 27: Diesem Foto kann weder ein Ort noch ein Datum zugewiesen werden. Gebhard rechts im Bild. Quelle: Josef Wehinger

[265] Vgl. Wachtler und Obwegs 2003, S. 119

1917, Herbstoffensive

Am 27. Oktober wurde dem General der Infanterie Roth mitgeteilt, dass beabsichtigt wird mit den in Tirol zur Verfügung stehenden Kräften einen Angriff durchzuführen. Drei Divisionen sollten sich westlich von Asiago versammeln. Neben der schon dort stehenden 19. Infanterie Division, und einer zweiten Division aus Verbänden der 11. Armee soll eine Division aus den neun Bataillen des XX. Korps gebildet werden.[266] Bereits am nächsten Tag machten sich Anzeichen der knapp bevorstehenden Räumung der italienischen Front in den Karnischen Alpen bemerkbar,[267] was in den ersten Novembertagen dann auch immer wahrscheinlicher wurde. Gebhards 21. Gebirgs-Brigade bekam den Auftrag, mit drei Bataillonen und einer Batterie über den Kreuzberg auf Auronzo und mit einem Bataillon von Schluderbach über Misurina in das Ansieital vorzustoßen.[268] Seit bald zwei Jahren war Gebhard nun in diesem Abschnitt der Dolomiten, und dennoch sah er nun zum ersten mal den Kleinen Lagazuoi, den Col di Lana und den Sasso di Stria aus der anderen Richtung und aus neuen Perspektiven! Während er vom Valparola-Pass Richtung Falzarego-Pass marschierte, wo heute eine Gondel auf den Kleinen Lagazuoi führt, konnte er jetzt auch die zwei riesigen, dicht nebeneinander liegenden Schuttkegel der österreichischen und italienischen Minen sehen.[269]

---

[266] Vgl. Österreich-Ungarns letzter Krieg 1914-1918, Band VI, S. 630

[267] Vgl. Österreich-Ungarns letzter Krieg 1914-1918, Band VI, S. 631

[268] Vgl. Österreich-Ungarns letzter Krieg 1914-1918, Band VI, S. 632-633

[269] Persönliche Eindrücke bei Wanderung 2013

Abbildung 28: Der Kleine Lagazuoi. Links der österreichische Schuttkegel, rechts der italienische Schuttkegel. Quelle: Benjamin Wehinger - Wanderung 2013

Abbildung 29: Diesem Foto kann weder ein Ort noch ein Datum zugewiesen werden. Gebhard im Vordergrund. Quelle: Josef Wehinger

Am 4. November war es endgültig so weit, und die italienische Dolomitenfront begann abzubröckeln. Jahrelang heiss umstrittene Stellungen wurden nun von österreichischen Truppen eingenommen, während Patrouillen, die den abziehenden Feind verfolgten, brennende Barackenlager, Magazine und verschiedenstes verstreutes Kriegsmaterial vorfanden. Die umfangreichen Zerstörungen an Brücken und Straßen hemmten jedoch die Verfolgung.[270] Dies konnte auch Gebhards 49. Infanterie Division nicht verhindern, obwohl diese den Befehl erhielt, das Abbröckeln der italienischen Front rechtzeitig wahrzunehmen und im eintretenden Falle sogleich mit Streifabteilungen nachzustoßen um damit Zerstörungen von Straßen und Brücken zu verhindern.[271] Oft mussten auf Grund zerstörter Brücken sogar die Tragtiere zurückgelassen werden.
Was Gebhard nicht mehr miterlebte, war die Besetzung des Col di Lana durch die Österreicher am darauf folgenden Tag.[272] Aber auch der Ort Cortina d'Ampezzo wurde an diesem Tag, am 5. November, eingenommen, nachdem der letzte italienische Truppenteil Cortina verließ. Die österreichischen Truppen wurden mit Enthusiasmus empfangen, denn mit ihnen kehrten Söhne, Männer und Väter zurück, die seit langem von zu Hause weg waren. Manche jedoch mussten auch vom Tod ihres Angehörigen erfahren.[273]
Geht man davon aus, dass Gebhard und seine Kameraden des Landsturmbataillons auf Grund ihres höheren Alters nicht zu den Verfolgungs-Trupps gehörten, dann zählten sie zu jenen Einheiten des XX. Korps, die auf dem kürzesten Wege an die Bahn zu bringen waren. Dort sollten sie, entsprechend

---

[270] Vgl. Österreich-Ungarns letzter Krieg 1914-1918, Band VI, S. 633

[271] Vgl. Österreich-Ungarns letzter Krieg 1914-1918, Band VI, S. 631

[272] Vgl. Österreich-Ungarns letzter Krieg 1914-1918, Band VI, S. 633

[273] Vgl. Cortina Museo Guerra, 2013

ausgerüstet, in den Raum um Trient verlegt werden, wo aus ihnen die 49. Infanterie Division neu aufzustellen war.[274] Die nachdrängenden Verfolgungs-Truppen hingegen kamen nur langsam voran und mussten, stellenweise bis zum Bauch in frischgefallenem Schnee watend, mühsam an die italienischen Stellungen heran kommen. Am frühen Morgen des 10. Novembers schneite es heftig auf der ganzen Hochfläche. Dennoch wurde der Angriff gestartet.[275]
Ab da an - um den 10. November - war Gebhard innerhalb der 49. Infanterie-Division nun der 179. Infanterie-Brigade unterstellt,[276] welche am 13. November im Etschtal für den Einsatz auf der Hochfläche von Asiago als Reserve bereitstand! Ausserdem erhielt diese Einheit den Befehl über die Abschnitte Adamello und Judicarien. Währenddessen nahmen die Kämpfe bei Asiago ihren Fortgang.[277]

Ende dieses Monats waren die Truppen der 6. Infanterie-Division und der 106. Landsturm-Infanterie-Division stark mitgenommen und bedurften einer Ablösung. Hierfür stand aber an frischen Einheiten lediglich Gebhards 179. Infanterie Brigade zur Verfügung! Überhaupt gestaltete sich das Ablösen der Kräfte als verwickelt und langwierig, und die Erholungsmöglichkeit für die jeweils aus der Front tretenden Einheiten erwies sich als trügerisch. Denn auf dem schneebedeckten Hochland gab es keine Unterkünfte, die Schutz vor der empfindlichen Kälte gewährt hätten, mit Ausnahme einiger von den italienischen Truppen stehen gelassenen Barackenlagern. Die meisten jedoch wurden zuvor von den Italienern zerstört oder vergast, so dass die Mehrzahl

---

[274] Vgl. Österreich-Ungarns letzter Krieg 1914-1918, Band VI, S. 634

[275] Vgl. Österreich-Ungarns letzter Krieg 1914-1918, Band VI, S. 650-651

[276] Vgl. Österreich-Ungarns letzter Krieg 1914-1918, Band VI, S. 634

[277] Vgl. Österreich-Ungarns letzter Krieg 1914-1918, Band VI, S. 655

der österreichischen Truppen im Freien lagern mussten. Immerhin mangelte es den Truppen nicht an Verpflegung und Kleidung, da man in Primolano reiche Vorräte erbeutet hatte. Bis anfangs Dezember glückte es dann doch, die wichtigsten der angestrebten Kräfteumstellungen zu verwirklichen. So musste Gebhard mit seiner 179. Infanterie Brigade nach Asiago, wo sie die 56. Gebirgs-Brigade ersetzten![278] Bei Gebhards Vermerk *„Col di Rosso"* auf dessen Kriegschronik-Bild handelt es sich somit um den „Col del Rosso", der auf dieser Hochebene von Asiago (Frenzellaschlucht) bei Lusern zu finden ist![279] An diesem neuen Einsatzraum sollte er allerdings nicht lange stationiert bleiben.

Gebhards Heimatdorf lag direkt an der Grenze nach Liechtenstein und der Schweiz. Der Schmuggel über die Grenze hatte bereits zu Friedenszeiten „Tradition", und anfangs zeigten sich die Behörden beider Länder gegenüber der Einfuhr kleinerer Lebensmittelmengen auch großzügig. Während des Krieges, vor allem in den letzten beiden Kriegsjahren 1917 und 1918, nahm der Schmuggel auf Grund der ständig wachsende Lebensmittelnot noch stärker zu. Nach wie vor gab es tagtäglich etwa 3000 Vorarlberger die in der Schweiz ihre Arbeit hatten, was die Kontrolle von Grenzgängern nicht gerade leichter machte. Diese Kontrollen wurden bei der Bevölkerung als Schikane aufgefasst, was das Verhältnis zwischen der Bevölkerung und der Behörde stark belastete.[280]
Auf Grund dieser Lebensmittelnot wurden ab Ende dieses Jahres häufig so genannte Erholungskinder aus Vorarlberg mit

---

[278] Vgl. Österreich-Ungarns letzter Krieg 1914-1918, Band VI, S. 680-681

[279] Wachtler Michael, 2011

[280] Vgl. Wanner 1989, S. 56

Sonderzügen in die Schweiz geführt, um dort in Familien untergebracht und besser versorgt werden zu können.[281]

[281] Vgl. Vorarlberger Volksblatt, 19. Dezember 1917, S. 3

1918, Das letzte Kriegsjahr

Auf dem Col del Rosso bei Asiago war Gebhard wie bereits erwähnt nicht lange, denn bereits im neuen Jahr hieß Gebhards neuer Einsatzraum der Berg Sasso Rosso![282]
Einen Berg mit demselben Namen gibt es zwar auch ganz in der Nähe des Col del Rosso bei Asiago, was bei den Recherchen zunächst für Verwirrung sorgte. Doch Gebhards nächster Vermerk auf seinem Kriegschronik-Bild lautet *„Ortlergebiet“*, was für den Sasso Rosso in den Brenta-Dolomiten spricht. Auch wenn dieser Berg genau gesehen nicht zum Ortlergebiet gehört, so liegt er doch sehr nahe an dessen Grenze. Vermutlich nahm Gebhard das nicht so genau, oder er wusste es nicht besser. Der Sasso Rosso gehört zusammen mit dem Berg Pietra Grande zur nördlichen Gruppe der Brenta-Dolomiten[283], nahe von Madonna di Campiglio in der Provinz Trient gelegen. Auf 2645 Metern war Gebhard nun noch höher stationiert als damals am Valparolapass bei Tre Sassi.
Während die Bewohner in Bregenz von Westen her stärkeren Kanonendonner als gewöhnlich zu hören bekamen,[284] entbrannten heftige italienische Angriffe zwischen Asiago und der Brenta![285] Am darauf folgendem Tag, am 29. Jänner, verdiente Gebhard am Sasso Rosso die Bronzene Tapferkeitsmedaille! Einzelheiten über diesen Kampf, bei dem sich Gebhard durch Tapferkeit hervor tat, konnten während den Recherchen leider nicht in Erfahrung gebracht werden. Bemerkenswert ist jedoch die Tatsache, dass diese Medaille

---

[282] Vgl. Verleihungs-Antrag 2 - Österreichisches Staatsarchiv

[283] Vgl. Dolomiti Unesco, 2013

[284] Vgl. Vorarlberger Volksblatt, 26. Jänner 1918, S. 3

[285] Vgl. Stahlgewitter 1914-1918 C, 2013

nicht alle Soldaten seiner Einheit bekamen, sondern lediglich Gebhard und zwei seiner Kameraden namens Josef Sedivec und Andreas Sperk.[286] Diese Medaille bekam er ein halbes Jahr später, am 10. Juni, verliehen.[287]
Auch im Februar kam es zu Gefechten, wie etwa am 12. Februar, als feindliche Stützpunkte am Südhang des Sasso Rosso eingenommen wurden und dabei 6 Offiziere und 170 Mann gefangen genommen werden konnten.[288] Für ein halbes Jahr blieb dieser Berg Gebhards neuer Einsatzort, bis eine letzte große Offensive gestartet wurde. Über diese Zeitspanne war die Zahl an gefallenen Vorarlbergern in diesem Gebiet relativ gering. Bei den Vorarlberger Landstürmern blieben Verluste sogar gänzlich erspart.[289] Mehr nennenswerte Details über diesen Einsatzraum kamen bei den Recherchen leider nicht zum Vorschein.

Diese so genannte Piaveoffensive startete Mitte Juni, mit der die Österreicher die Hauptmacht des italienischen Heeres endgültig besiegen wollten.[290] So rückten Truppen erneut Richtung Asiago vor, wo Gebhard bereits vor gut einem halben Jahr kämpfen musste. Bereits zwei Tage vor Beginn dieses Angriffes herrschte recht unsichtiges Wetter, und das Einschießen der Artillerie war somit sehr erschwert. In der Nacht auf den 12. Juni setzte sogar ein heftiger Sturm mit Regen und Schneetreiben ein, der bis zum Abend anhielt.[291]

---

[286] Vgl. Verleihungs-Antrag 2 - Österreichisches Staatsarchiv

[287] Vgl. Heeresarchiv Wien, 1940 und Verleihungs-Antrag 2 - Österreichisches Staatsarchiv

[288] Vgl. Stahlgewitter 1914-1918 D, 2012

[289] Vgl. Binder 1959, S. 59

[290] Vgl. Wanner 1989, S. 46

[291] Vgl. Österreich-Ungarns letzter Krieg 1914-1918, Band VII, S. 231

Als am 15. Juni auch noch eine unglaubliche Regenflut begann, kam die ganze Offensive zum Stehen.[292] Ob Gebhard überhaupt an dieser Offensive beteiligt war oder nicht, konnten die Nachforschungen nicht beantworten. Auf Grund dessen, dass die meisten Vorarlberger zum Zeitpunkt des Stillstandes der Offensive in den Sieben Gemeinden standen[293], und sich Gebhards Einheit ab diesem Tag im nahegelegenen Abschnitt Riva befand, könnte von einer Beteiligung durchaus ausgegangen werden. Tatsache ist, dass Gebhards Landsturmbataillon III nun dem XX. Korps, der 10. Armee angehörte und sich mit dieser im Abschnitt Riva befand![294] Dies ist gleichzeitig auch der letzte Einsatzort, den Gebhard später auf seinem Kriegschronik-Bild mit *„Gardasee“* vermerken ließ.[295]
Weitere andauernde Regengüsse ließen die Flüsse derartig stark ansteigen, dass die Wassermassen Kriegsbrücken einrissen und das Land zwischen Piave und Stile völlig überschwemmten.[296] Inmitten dieser Regentage fand der Gegenangriff der Italiener statt, und der Col del Rosso, auf dem Gebhard vor bald acht Monaten stand, wurde dabei am 30. Juni von italienischen Truppen erobert.[297]

---

[292] Vgl. Piekalkiewicz 1988, S.561

[293] Vgl. Wanner 1989, S. 46

[294] Vgl. Austrianphilately, 2013

[295] Vgl. Kriegschronik-Bild

[296] Vgl. Piekalkiewicz 1988, S.560

[297] Vgl. Rainer-Regiment, 2012

Am 16. Juli schrieb Gebhard folgende Karte nach Hause:

„Den 16. 7. 1918
Liebe Frau u. Kinder.
Ich muss Euch auch ein Bild schicken von mir u. einigen Kollegen. Das schwarze Loch ist unsere Haustür. Sonst bin ich gesund was ich von Euch auch hoffe. Die herzlichsten Grüsse an Euch alle."

Abbildung 30 und 31: Karte vom 16.7.1918 mit Detailansicht. Gebhard dritter von rechts. Quelle: Josef Wehinger

In der zweiten Hälfte des Monats Juli kam es zu zahlreichen kleineren Kämpfen im Bereich des Gardasees, und immer wieder kreisten feindliche Flieger über den vicentischen Bergen und Tälern und warfen Bomben auf Matarello, Grigno und Primolano, was zu zahlreichen Luftkämpfen führte.[298]
Auch wenn es zu einigen Scheingefechten kam, so planten hier die Italiener nie ernsthafte Angriffe. Damit lag Gebhards neuer Abschnitt in der am wenigsten umkämpften Zone![299] Sein größter Feind war zu dieser Zeit wohl die Krankheit Ruhr, hervorgerufen durch die mangelnde hygienische Versorgung. Nur zwei Wochen nach dem Abschicken dieser Karte, musste Gebhard auf Grund dieser Krankheit in ein Spital verlegt werden.[300] Vom 1. August bis 6. September wurde er in drei verschiedenen Spitälern versorgt. Zuerst kam er nach Calavino, eine Stadt westlich von Trient gelegen. Später überstellte man ihn nach Pilsen (deutscher Name für Plzeň in Böhmen, Tschechien) und von dort weiter nach Staab (deutscher Name für Stod in Böhmen, Tschechien).[301]
Beim Datum Gebhards folgender Karte kann der Monatsname leider nicht genau entziffert werden. Da aber als Datum der 8. geschrieben steht, kann es sich auf Grund der oben angeführten Zeitspanne nur um den 8. August handeln.

---

[298] Vgl. Österreich-Ungarns letzter Krieg 1914-1918, Band VII, S.440-441

[299] Vgl. Wachtler 2005, S. 21-22

[300] Vgl. Kriegschronik-Bild

[301] Fragebogen Wehrevidenzstelle Linz, 1939

"*Liebe Tochter* (Anm.: Louise oder Maria)
Ich muss Dir eine Karte schicken von unserer Feldmesse. Damit Du auch ein Andenken hast. Ich hoffe dass du u. alle Gesund seit und dass Ihr alle recht fleissig seit u. der Mama folgen Grüße v. Deinem Vater Gebhard Wehinger K.K Reserve Spital Riva in Calowino. Ich bin leider nicht sichtbar."

Abbildung 32: Karte vom 8.8.1918. Feldmesse.
Gebhard ist nicht abgebildet.
Quelle: Josef Wehinger

Im Gegensatz zur Karte, kann diesem Foto leider kein genaues Datum zugewiesen werden. Auch eine Vergrößerung der kleinen Kreidetafel hinter dem Bett von Gebhard, konnte - trotz verschiedenster technischer Versuche - nichts preisgeben. In Frage kommen vier Möglichkeiten:
13. bis 23. 9. 1914 im Spital in Losonc wegen Handschuss.
23. 9. – 5. 10. 1914 in Innsbruck wegen Handschuss.
1. 8. - 6. 9. 1918 in Calavino, Pilsen oder Staab wegen Ruhr.
Ab 15. 10. 1918 wegen Rheuma.

Abbildung 33: Gebhard in einem Lazarett. (Siehe Pfeil)
Quelle: Josef Wehinger

Abbildung 34: Diesem Foto kann weder ein Ort noch ein Datum zugewiesen werden. Quelle: Josef Wehinger

Während seine Einheit auch Mitte Oktober noch im Abschnitt Riva stationierte,[302] wurde Gebhard am 12. Oktober für vier Wochen beurlaubt, und er durfte die Reise nach Hause antreten.[303] In der Heimat angekommen, erfuhr er sicherlich von der so genannte „Spanischen Grippe", die auch in Vorarlberg wütete. Es war eine furchtbare Grippeepidemie, die innerhalb weniger Monate mehr Menschenleben forderte als der Krieg![304] Auch in Gebhards Nachbardörfern gab es deswegen bereits die ersten Todesfälle.[305]
Erst zweimal gab es in der Geschichte eine solche Pandemie. Dies war einmal im 6. Jahrhundert, als rund hundert Millionen Menschen an der Pest starben, und in den Jahren 1347 bis 1350, als der „Schwarze Tod" Europa heimsuchte. An der „Spanischen Grippe" starben weltweit rund 20 Millionen Menschen. Möglicherweise noch mehr, denn aus Asien und Afrika kannte man keine genauen Zahlen. Innert vier Monaten war die Hälfte der Weltbevölkerung mit diesem geheimnisvollen Virus angesteckt. So plötzlich der Virus auftrat, so überraschend verschwand er auch wieder restlos.[306]

Während Gebhards Urlaub entschloss sich der junge Kaiser Karl I., den blutigen Kämpfen ein Ende zu bereiten, und startete die Vorbereitungen für Friedensbedingungen! Auf Grund von Unklarheiten darüber, ob der Waffenstillstand bereits abgeschlossen sei und wann er in Kraft treten würde, wurde den österreichischen Truppen teilweise bis zu 36 Stunden vor dem offiziellen Termin erlaubt, die Waffen

---

[302] Vgl. Österreich-Ungarns letzter Krieg 1914-1918, Band VI, S. 6

[303] Kriegschronik-Bild

[304] Vgl. Astorri und Salvadori 2003, S. 171

[305] Vgl. Vorarlberger Volksblatt, 20. Oktober 1918, S. 3

[306] Vgl. Astorri und Salvadori 2003, S. 171

niederzulegen. Dies führte dazu, dass die Italiener rund 350.000 überraschte österreichisch-ungarische Soldaten ohne Gegenwehr gefangen nehmen konnten. Auf solch eine Masse an Gefangenen war die italienische Armee weder vorbereitet noch eingerichtet. Dementsprechend katastrophal war die Versorgung in den Gefangenenlagern.[307] Allein 276 Vorarlberger kamen durch Hunger, Malaria und schlechter Behandlung ums Leben.[308]

Gebhard hingegen konnte infolge dieser Kapitulation während seines Urlaubs zu Hause verbleiben.[309] Entgegen 4.791 anderen Vorarlbergern überlebte er die langen Kriegsjahre des Ersten Weltkriegs.[310]

---

[307] Vgl. Wikipedia D, 2013

[308] Vgl. Binder 1959, S. 60

[309] Vgl. Militärentlassungsschreiben, 13. August 1940

[310] Vgl. Binder 1959, S. 60

Schlusswort

Die Strapazen des Krieges hinterließen bei Gebhard deutliche Spuren. Auf Grund seines Rheumas galt Gebhard ab dem 13. September 1919 als untauglich, und war zu 35% berufs- und erwerbsunfähig.[311]

Bei einem Gesamtmobilstand des Österreichisch-Ungarischen Heeres von etwa 8.000.000 Mann sind 1.016.200 Mann gefallen oder umgekommen (eingeschlossen etwa 30.000 Mann, die Lawinenunglücken oder sonstigen widrigen Witterungsverhältnissen des Hochgebirges zum Opfer gefallen sind), 1.943.000 Mann wurden verwundet und 1.691.000 gerieten in Gefangenschaft. Die prozentualen Verluste betrugen beim Offizierskorps 13,5 %, bei den Mannschaften und Unteroffizieren 9,8 %. Schätzungsweise 30.000 ehemalige Soldaten sind nach 1918 als Zivilpersonen an den im Krieg erlittenen Verwundungen oder Strapazen gestorben.[312]

Der Krieg forderte insgesamt fast zehn Millionen Todesopfer und etwa 20 Millionen Verwundete unter den Soldaten. Auf weitere sieben Millionen wird die Anzahl der zivilen Opfer geschätzt.[313]

---

[311] Vgl. Militärentlassungsschreiben, 13. August 1940

[312] Vgl. Wikipedia D, 2013

[313] Vgl. Wikipedia E, 2013

Literaturverzeichnis

Privatbestand der Familie Wehinger:

- Bauplan von Gebhard's Haus
- Legitimationsblatt (aus Legitimationskapsel)
- Kriegschronik-Bild vom 14. Jänner 1922 (bei Renovierungs- und Umbauarbeiten an Gebhards Haus im Jahre 2008 nach vielen Jahren wieder aufgetaucht)
- Persönliche Eindrücke bei Wanderung 2013: Wanderung von Benjamin und Josef Wehinger im Juli 2013 im Col di Lana-Gebiet: Kleiner Lagazuoi, Sasso di Stria, Tre Sassi, Col di Rode (Col della Roda)
- Postkarten und Fotos von Gebhard Wehinger

Archiv-Dokumente/ Akten: Pfarramt Altenstadt:

- Geburtsurkunden von Johann Georg Wehinger, Regina Alber und Gebhard Wehinger
- Heiratsurkunden: Heiratsurkunden von Gebhard Wehinger und Maria Josefa Sonderegger, Johann Georg Wehinger und Regina Alber, Josef Sonderegger und Anna Barbara Ryser;
- Sterbeurkunde Anna Barbara Ryser
- Auszug Familienregister

Archiv-Dokumente/ Akten: Stadtarchiv Feldkirch:

- Schachtel FV/11, Dokumente aus der Zeit des Ersten Weltkrieges in Feldkirch

Archiv-Dokumente/ Akten: Vorarlberger Landesarchiv:

- Antrag für Militärentlassungsschein, 1939 (an die Landeshauptmannschaft Vorarlberg vom 3. 6. 1939)
- Fragebogen Wehrevidenzstelle Linz, 1939 (zur Militärdienstbestätigung von Wehrevidenzstelle Linz am 22. 10. 1939)
- Heeresarchiv Wien, 1940 (an die Vereinigte Wehrevidenzstelle Gruppe III vom 3. 8. 1940, Feststellung der Auszeichnungen)
- Militärentlassungsschreiben, 13. August 1940
- Unter-Abteilungs-Grundbuchsblatt (vom 3. 8. 1914, Imst)

Archiv-Dokumente/ Akten: Österreichisches Staatsarchiv/ Kriegsarchiv:

- Verleihungs-Antrag 1: Belohnungsakten des Weltkrieges 1914-1918, Mannschaftsbelohnungsanträge (MBA) Nr. 1,262.547 (Karton 678): Antrag auf Verleihung der Bronzenen Tapferkeitsmedaille für den Landsturminfanteristen des k.u.k. Landsturminfanteriebataillons Nr. III Gebhard Wehinger.

- Verleihungs-Antrag 2: Ministerium für Landesverteidigung, Präs.-Nr. 30.280/18 (Karton 10): Antrag auf Verleihung der Bronzenen Tapferkeitsmedaille zum zweiten Male für den Landsturminfanteristen des Landsturergänzungsbezirkskommandos Nr. 2 Gebhard Wehinger.

Archiv-Dokumente/ Akten: Tiroler Landesarchiv:

- „Vermisste - Landsturm Infanterie Regimenter und Bataillone“ (von 1914)

- Archiv-Dokumente Josef Unterlechner: Hauptgrundbuchblatt, Unterabteilungsgrundbuchblatt, Landsturmevidenzblatt, Heimkehrer-Präsentierungsblatt

Bücher:

- Binder, Ingo: „Vorarlberg im Ersten Weltkrieg 1914-1918“, Dissertationsschrift zur Erlangung der Doktorwürde an der philosophischen Fakultät der Leopold-Franzens-Universität, Innsbruck, im Oktober 1959

- Stolz, Otto: „Das Tiroler Landsturmregiment Nr. II im Kriege 1914-1915 in Galizien“, Universitätsverlag Wagner GesmbH, 1938

- Astorri, Antonella und Salvadori, Patrizia: „Der Erste Weltkrieg“, Kaiser-Verlag, 2003

- Kaiserschützenbunde für Österreich: „Kaiserschützen Tiroler-Vorarlberger Landsturm und Standschützen“

- Nettelbeck, Uwe: „Der Dolomitenkrieg“, Zweitausendeins-Verlag, 1979

- Wachtler, Michael und Obwegs, Günther: „Krieg in den Bergen Dolomiten“, Athesia Touristik-Ferrari-Auer GmbH, zweite Auflage 2003

- Wachtler, Michael und Giacomel Paolo und Obwegs, Günther: „Krieg, Tod und Leid - Dolomiten“, Athesia Touristik-Ferrari-Auer GmbH, 2004

- Wachtler, Michael: „Menschen im Krieg - Der Erste Weltkrieg in den Bergen“, Athesia Touristik-Ferrari-Auer GmbH, 2005

- Piekalkiewicz, Janusz: „Der Erste Weltkrieg“, Econ Verlag GmbH, 1988

- Friedeburg, Friedrich: „Karpathen- und Dnjester-Schlacht 1915“, Druck und Verlag von Gerhard Stalling, 1924

- Wanner, Gerhard: „1914-1918 Vorarlberg und der Erste Weltkrieg“, Vorarlberger Verlagsanstalt Ges.m.b.H., 1989

- Fiel, Karl: „Nofels, Geschichte eines Dorfes“, Selbstverlag, 1987

- Österreichisches Bundesministerium für Heereswesen und Kriegsarchiv: „Österreich-Ungarns letzter Krieg 1914-1918“, Verlag der Militärwissenschaftlichen Mitteilungen Wien, 1931

- Striffler, Robert: „Der Minenkrieg in Ladinien, Col di Lana 1915-1916“, Schriftenreihe zur Zeitgeschichte Tirols Band 10, Buchdienst Südtirol Elke Kienesberger, 1996

- Langes, Gunther: „Die Front in Fels und Eis, der Weltkrieg 1914-1918 im Hochgebirge“, Verlagsanstalt Athesia - Bozen, 1972

- Grestenberger, Erwin Anton: „K.u.K. Befestigungsanlagen in Tirol und Kärnten 1860-1918“, Verlag Österreich, Print Media Austria AG, 2000

- Nußstein, Wilhelm: „Dolomiten - Österreichische Festungen in Oberitalien von den Sieben Gemeinden bis zur Flitscher Klause, Militärgeschichtlicher Reiseführer“, Verlag E.S. Mittler & Sohn GmbH Hamburg, 1997

- Schemfil, Viktor: „Das k.u.k. 3. Regiment der Tiroler Kaiserjäger im Weltkriege 1914-1918“, Verlag J. R. Teutsch, 1926

- Illing, Stefano und Brandauer, Isabelle: „Der Erste Weltkrieg auf dem Sasso di Stria“, Verlag: Comitato Cengia Martini - Lagazuoi Cortina d‘Ampezzo, Belluno, 2008

Zeitschriften:

- Volaucnik, Christoph: "Feldkirch und der 1. Weltkrieg", Feldkircher Stadtmagazin „Feldkirch Aktuell“, „Aus alten Zeiten“ (Jahrgang 1998)

- Vallaster, Christoph: „Der Katzenturm“, Feldkircher Stadtmagazin „Feldkirch Aktuell“, „Aus alten Zeiten“ (Juni 2000)

Internet:

- Schützenkompanie-Aldrans, online im Internet: URL: http://www.schuetzenkompanie-aldrans.at/standschützen.46.0.html (Zugriff am 10. August 2006)

- Stahlgewitter 1914-1918 A: „9. Februar 1915“, online im Internet: URL: http://www.stahlgewitter.com/15_02_09.htm (Zugriff am 24. Juli 2009)

- Stahlgewitter 1914-1918 B: „16. Mai 1916“, online im Internet: URL: http://www.stahlgewitter.com/16_05_16.htm (Zugriff am 7. Mai 2013)

- Stahlgewitter 1914-1918 C: „28. Jänner 1918“, online im Internet: URL: http://www.stahlgewitter.com/18_01_28.htm (Zugriff am 29. April 2013)

- Stahlgewitter 1914-1918 D: „12. Februar 1918“, online im Internet: URL: http://www.stahlgewitter.com/18_02_12.htm. (Zugriff am 25. Februar 2012)

- Wikipedia A: „Galizien“, online im Internet: URL: http://de.wikipedia.org/wiki/Galizien (Zugriff am 19. August 2010)

- Wikipedia B: „Duklapass“, online im Internet: URL: http://de.wikipedia.org/wiki/Duklapass (Zugriff am 12. September 2012)

- Wikipedia C: „Schlacht in den Karpaten“, online im Internet: URL: http://de.wikipedia.org/wiki/Schlacht_in_den_Karpaten (Zugriff am 28. September 2012)

- Wikipedia D: „Österreich-Ungarns Heer im Ersten Weltkrieg", online im Internet: URL: http://de.wikipedia.org/wiki/Österreich-Ungarns_Heer_im_Ersten_Weltkrieg (Zugriff am 17. November 2013)

- Wikipedia E: „Erster Weltkrieg", online im Internet: URL: http://de.wikipedia.org/wiki/Erster_Weltkrieg#cite_note-Tucker-1 (Zugriff am 8. November 2013)

- Vorarlberger andernorts in Brasilien bzw. Südamerika: online im Internet: URL: http://www2.vol.at/vlbgbrazil/geschichte/text16.html (Zugriff am 5. August 2011)

- Landesbibliothek Vorarlberg: „Zeitungskopien, Vorarlberger Volksblatt". Online im Internet: URL: http://www.vorarlberg.at/vlb/vlbservice/zeitungskopien.htm (Zugriff im August 2011)

- Rainer-Regiment: „Kampfgeschehen", online im Internet: URL: http://www.rainerregiment.at/joomla/index.php?option=com_content&view=article&id=63&Itemid=72 (Zugriff am 8. Jänner 2012)

- Deutsche Kriegsgeschichte: „Das Kriegsjahr 1915", online im Internet: URL: http://www.deutsche-kriegsgeschichte.de/krgj15.html (Zugriff am 13. April 2012)

- Deutsches Historisches Museum: „Winterschlacht in den Karpaten", online im Internet: URL: http://www.dhm.de/lemo/html/wk1/kriegsverlauf/karpaten/index.html (Zugriff am 13. April 2012)

- Weltkriege: „Kriegsgliederungen", online im Internet: URL: http://www.weltkriege.at/Kriegsgliederungen/kriru15.htm (Zugriff am 13. April 2012)

- Wintersonnwende: „Der Karpathenwinter", online im Internet: URL: http://www.wintersonnenwende.com/scriptorium/deutsch/archiv/weltkampf/wer0512.html (Zugriff am 13. April 2012)

- Riesengebirgler: „Gefallene und Vermisste des 1. Weltkrieges", online im Internet: URL: http://www.riesengebirgler.de/gebirge/Gefallene/Kleinborowitz_Gef.htm, (Zugriff am 10. Februar 2013)

- Austrianphilately: „BRIG Groups", online im Internet: URL http://www.austrianphilately.com/dixnut/dn6e4.htm (Zugriff am 29. April 2013)

- Archive: „96. IBrig", online im Internet: URL http://archive.is/upxT (Zugriff am 29. April 2013)

- Cortina Museo Guerra: „Kriegsjahre", online im Internet: URL http://www.cortinamuseoguerra.it/index.php?option=com_content&view=category&id=44&Itemid=61&lang=de (Zugriff am 3. Mai 2013)

- Denkmalprojekt: „Verlustliste 3. Tiroler Kaiserjägerregiment (1. Weltkrieg)", online im Internet: URL http://denkmalprojekt.org/Verlustlisten/vl_oe_3tkj_wk1.htm (Zugriff am 16. Mai 2013)

- Dolomiti A: „Tre Sassi", online im Internet: URL http://www.dolomiti.org/ger/cortina/laga5torri/musei/tresassi.html (Zugriff am 17. Juli 2013)

- Dolomiti B: „Sasso di Stria": online im Internet: URL http://www.dolomiti.org/ger/Cortina/laga5torri/storia/sassStria.html

- Fronte Dolomitico A:„Gli schieramenti nel 1916“, online im Internet: URL http://www.frontedolomitico.it/Fronte/Paesaggi/Tofane/24TofaneSchieramenti1916.htm (Zugriff am 21. Juli 2013)

- Fronte Dolomitico B: „Azioni austriache e schieramenti“, online im Internet: URL http://www.frontedolomitico.it/Fronte/Paesaggi/Tofane/30AzioniAustriacheLuglio.htm (Zugriff am 21. Juli 2013)

- Gebirgskrieg: „Der Minenkrieg in Tirol - Col di Lana“, online im Internet: URL http://gebirgskrieg.heimat.eu/5119.htm (Zugriff am 29. September 2013)

- Dolomitenfreunde: „Die 34 Minensprengungen an der Tiroler Gebirgsfront 1916-1918“, online im Internet: URL http://www.dolomitenfreunde.at/verein/artikel/df06_d.htm (Zugriff am 30. September 2013)

- Dolomiti UNESCO: „Brenta-Dolomiten“, online im Internet: URL http://www.dolomitiunesco.it/de/brenta-dolomiten/ (Zugriff am 7. November 2013)

Stellungnahmen:

- Hauptmann Berger vom Militärgeschichtlichem Forschungsamt in Potsdam: Schriftlicher Kontakt 2010

- Hans-Peter Haberditz, Büro für genealogische, historische und militärische Forschungen, Professionelle Ahnenforschung: Schriftlicher Kontakt 2012

- Frau Striffler, Frau des Schriftstellers Robert Striffler: Telefongespräch 2012
- Wachtler, Michael. Autor „Krieg in den Bergen Dolomiten“: Schriftlicher Kontakt 2011

Printed in France by Amazon
Brétigny-sur-Orge, FR